CLAUDIA SAETTI BARALDI

RICCHI PER SEMPRE

Come Raggiungere I Propri Obiettivi e Avere Più Salute, Tempo e Denaro Mantenendo Il Benessere Fisico e Mentale

Titolo

"RICCHI PER SEMPRE"

Autore

Claudia Saetti Baraldi

Editore

Bruno Editore

Sito internet

http://www.brunoeditore.it

Sommario

Prefazione

Ho conosciuto Claudia Saetti Baraldi ad un corso a Bologna in cui ero stato invitato per parlare della mia esperienza su come diventare liberi finanziariamente. Dopo 4 anni, era ad un mio evento a Parma e lì ha deciso di dare una svolta alla propria vita: attraverso gli strumenti e le strategie che ha imparato durante i miei corsi ha potuto trovare una nuova identità.

In questo libro mette tutta la sua esperienza di imprenditrice, libera professionista e "professionista libera" per accompagnare il lettore a capire come trasformare questo periodo di grandi cambiamenti in una grande opportunità.

Il mondo del lavoro sta subendo trasformazioni radicali e in questo libro Claudia guida a comprendere come trarre vantaggio da questo mondo così ricco di possibilità, aiutando chiunque a capire come trovare la strada per una vita che soddisfi i propri bisogni.

Alfio Bardolla

Introduzione

Ho raggiunto la consapevolezza che l'età anagrafica non conta e l'esperienza mi consente di guardare alla vita futura con gli occhi curiosi di un bambino per poter fare tesoro di tutto quello che ancora non conosco.

Ti aiuterò a capire come fare per aumentare le tue capacità e sviluppare le tue abilità attraverso le esperienze personali guardando al passato come fonte di risorse. Vorrei che questo mio libro facesse comprendere ai miei amici coetanei, che spesso non hanno interessi, che sono senza stimoli, il valore che hanno dentro di loro e la possibilità di rinascere e vivere una vita nuova piena di cose da scoprire; e ai miei amici che hanno meno anni, ma che a volte sono spenti e più anziani degli ultracentenari, che non hanno sogni per il loro futuro, dico e assicuro che la vita è bella e va vissuta migliorando sé stessi ogni singolo giorno per portare gioia e prosperità a sé e a tutte le persone che hanno intorno.

Analizzeremo insieme il mondo del lavoro per capire come essere in grado di adeguarsi al cambiamento epocale in atto, sfruttando al meglio quello di cui disponiamo. Vorrei ispirare persone di tutte le età, dai giovanissimi, agli adulti, ai molto adulti, a incantarsi ogni giorno per tutte le cose belle che cambiano intorno come un bambino scopre ogni giorno il mondo con gioia e spontaneità.

Noi esseri umani abbiamo desideri simili: essere in salute, avere una vita felice, avere una bella famiglia e risorse economiche per soddisfare tutti i nostri bisogni. Come riuscire a soddisfare le proprie necessità senza dipendere dalla pensione?

Cosa ci differenzia nel raggiungimento dei nostri desideri? Sono il credo e le azioni che facciamo per ottenerli. Se vuoi che i tuoi desideri diventino realtà segui gli insegnamenti delle persone che hanno lo stile di vita che tu desideri ottenere. Il fiume della vita scorre veloce e porta con sé ogni esperienza vissuta, ogni cosa imparata, vista, fatta e a volte anche il rimpianto di non aver dato importanza ai nostri sogni.

Vedremo insieme come fare per reagire davanti alle novità per rinnovarsi continuamente e ottenere quello che vogliamo. Si può essere ricchi di SALUTE, ricchi di TEMPO, ricchi di SOLDI contemporaneamente, senza doverne escluderne uno per averne un altro.

Capitolo 1:
Come raggiungere davvero i tuoi obiettivi

Sono nata in una giornata di sole, ad aprile. Quest'immagine mi rappresenta da sempre: ad aprile tutta la natura è in fermento per poter dare il meglio di sé con gioia, forza, passione. Sono stata educata al rispetto per gli altri, alla moderazione, ma sempre cercando la qualità e la bellezza nelle cose. I miei genitori erano grandi lavoratori: mia mamma una mente da imprenditrice, mio padre l'ha sempre aiutata e supportata nei suoi progetti. Figlia unica, ho respirato da sempre questa aria di imprenditorialità.

Molte delle nostre convinzioni su chi siamo o su come dovremmo comportarci, derivano dall'infanzia e spesso risalgono a prima dello sviluppo del pensiero razionale, quando tendevamo a credere a tutto quello che ci veniva detto oppure che sperimentavamo. Forse è per questo che la mia indole è sempre stata rivolta alla creatività e all'imprenditoria.

Fin da piccola mi è sempre piaciuto inventare e costruire le cose dal nulla, la mia fantasia non aveva confini. Si giocava in strada e venivano i bimbi delle strade vicine a giocare con me perché riuscivo sempre a trovare il modo di divertirci insieme.

Avevamo pochi giocattoli e quei pochi andavano tenuti bene, dentro le scatole, perché non si dovevano rovinare, quindi eravamo abituati a fare giochi semplici e a usare molto la fantasia. Pomeriggi interi a saltare la corda, fare gare in bicicletta, giocare alla "settimana", a nascondino, con pezzi di carta, di cartone, tessuti, bastoni potevamo costruire interi villaggi, flotte di barche, cavalli su cui galoppare.

Non è stato sempre così, fino ai 6/7 anni sono stata una bambina molto timida, a chi me lo chiedeva non dicevo neanche il mio nome. Non avevo amiche all'asilo, ma alle elementari conobbi una bimba che divenne la mia più cara amica e da lì iniziai a non avere più problemi a fare amicizia.

Ho sempre amato gli animali e in particolare cani e cavalli. Il mio primo amico peloso è stato un cagnolino trovatello, Fufi, piccolo, ma con un grande carattere, due occhietti furbi che non dimenticherò mai.

L'amore per i cavalli c'è da quando sono nata. Quando frequentavo le scuole elementari spesso mi facevo accompagnare da mia madre, con la scusa di fare i compiti, a casa di una mia compagna di classe che abitava in campagna in un'antica corte dove avevano due bellissimi cavalli da tiro.

Trascorrevamo la maggior parte del tempo ad accarezzare i cavalli e a fare disegni che li ritraevano. Il tempo scorreva velocissimo. Eravamo molto felici. C'erano parecchi momenti durante la giornata in cui ero felice.

Facendo questo viaggio a ritroso nei ricordi della mia vita riscopro i profumi, i sapori, le emozioni che mi hanno accompagnato durante quegli anni. Quando arrivava il gelataio si sentiva suonare la campanella e i bimbi correvano verso di lui, ognuno di noi sceglieva i gusti che preferiva: crema, cioccolato o fragola. Il gelato lo mangiavamo d'estate una volta alla settimana ed era buonissimo.

C'era un altro momento speciale, cioè quando mio nonno mi caricava sulla canna della bicicletta e mi portava a comprare le caramelle alla bottega. Quando c'era fresco mi copriva con il suo tabarro (un mantello che gli uomini indossavano per proteggersi dal freddo). A volte andavamo al caseificio quando mio nonno sapeva che il casaro aveva già terminato le forme di parmigiano e aveva ritagliato l'angolino che viene chiamato tosone. C'era un forte odore di latte nel caseificio e il casaro mi porgeva con le sue mani grandi e intrise di latte il tosone: un sapore buono, una consistenza molto particolare, un profumo unico. Intanto che tornavamo a casa era già finito.

Arriva l'adolescenza e il momento in cui decidere che scuola frequentare alle superiori. Avrei desiderato frequentare una scuola d'arte, ma era troppo lontano dalla cittadina in cui vivevo, inoltre mia mamma avrebbe voluto che io diventassi professoressa di matematica quindi mi sono iscritta al liceo scientifico.

È vero che non ho frequentato la scuola che avrei preferito, ma i cinque anni del liceo sono stati meravigliosi. Erano gli anni della rivoluzione giovanile, gli anni in cui si usavano le minigonne e i ragazzi tenevano i capelli lunghi (al giorno d'oggi nessuno ci fa più caso, ma allora erano considerati ribelli). I Beatles e Bob Dylan accompagnavano le nostre domeniche pomeriggio durante le feste in casa.

Con i ragazzi e ragazze della mia classe durante i cinque anni che abbiamo trascorso insieme si è instaurato un rapporto speciale; tuttora ci ritroviamo, due o tre volte all'anno e riusciamo ancora a ridere e scherzare come facevamo al liceo.

Finito il liceo avrei dovuto proseguire con l'università, ma la spinta creativa che avevo dentro mi ha portato a iniziare la mia avventura nel campo della moda. Senza nessuna esperienza e senza nessuna formazione specifica ho aperto insieme al mio fidanzato un'azienda di abbigliamento.

Non sapevo bene chi ero e chi sarei voluta diventare, ma come la maggior parte dei miei amici aspiravo al successo anche se non ne avevo ben chiaro il significato. Soldi? Una casa? Un marito? Figli? Questi erano gli obiettivi che in famiglia mi erano stati trasmessi, ma nel profondo volevo qualcosa di più, volevo uno scopo importante e diverso.

Volevo lasciare un segno nel mondo facendo qualcosa che avrebbe dato un senso alla mia vita rimanendo anche quando il mio tempo sarebbe finito. Tante volte ho fantasticato di diventare un'importante architetto, una veterinaria, una famosa pittrice, ma alla fine arrivava sempre prepotente il sogno di diventare una rinomata stilista di moda.

Ho imparato giorno dopo giorno superando le sfide e i problemi grazie alla grande forza di volontà, alla passione, alla determinazione di arrivare ad avere un'azienda che producesse abbigliamento alla moda sia per l'Italia che per l'estero. Poiché la parola impossibile non esiste nel mio vocabolario ogni volta che si presentava un problema cercavo immediatamente la soluzione, il successo era l'unica opzione. E questa è un'abitudine che mi è rimasta nel tempo poiché ogni volta che si presenta un ostacolo penso subito a come superarlo.

Quando ho iniziato non avevo clienti, non sapevo da che parte cominciare, ma avevo stretto in un pugno la paura e nell'altro i miei sogni. Quale pugno volevo aprire? Ne potevo aprire solo uno e ho aperto quello dei miei sogni.

Ricordati sempre che i tuoi sogni ti stanno cercando, non smettere mai di sognare, ma soprattutto non smettere mai di credere in te stesso. I sogni si realizzano se tu credi che si possano realizzare facendo l'azione necessaria. Non dipende dall'età che hai, dalle precedenti esperienze, dai tuoi attuali titoli di studio, da quello che dicono le persone intorno a te.

Con la determinazione di realizzare tutti i miei sogni ho aperto la mia azienda che ha avuto successo per vent'anni e della quale ero e sono tutt'ora estremamente orgogliosa, poiché è stata sempre portata avanti con etica e rispetto per tutte le parti che la componevano.

Con quest'azienda mi sono creata un nome nel campo della moda ed è stata questa gestione così corretta da parte mia che mi ha permesso di proseguire poi negli anni a venire anche come libera professionista dopo la chiusura dell'azienda. Esatto, hai letto bene, la chiusura. L'azienda di cui vado così orgogliosa, il mio sogno, il mio duro lavoro di vent'anni passati giorno e notte a dare più del 100% è finito.

Mia madre mi ripeteva spesso: «Sempre bene non può andare, sempre male non può andare», e non c'è frase più vera. Dentro di noi ogni tanto risuona una vocina, che molti chiamano sesto senso, il problema è che in pochi la ascoltano davvero.

L'essere umano è una macchina perfetta dotata di questa specie di allarme interno che cerca sempre di salvarci dalle situazioni peggiori e dobbiamo imparare a darle ascolto. Quando senti che dentro di te c'è qualcosa che non va in una particolare situazione, ti consiglio di approfondire i motivi perché possono risparmiarti molti "grattacapi".

Detto ciò, la mia azienda era finita, case, macchine e soldi spariti, avevo mia figlia di due anni ed ero da sola a crescerla. Mia figlia, il grande amore della mia vita, la cosa più bella che mi sia successa è stata quella di diventare madre di una creatura meravigliosa e proprio lei mi ha dato la forza per reagire a questa situazione estremamente difficile, è stata il trampolino di lancio che mi ha permesso di ricominciare.

Ti è mai capitato di toccare il fondo? Di non sapere cosa fare? Di sentirti perso/a? Sei mai crollato/a davvero? Che solo a ripensarci ti toglie il fiato... Nella vita occorre coraggio, devi guardare in faccia quello che non va e cercare il cambiamento, volerlo a tutti costi e capire che ogni fallimento porta in sé importanti insegnamenti.

Io ho capito che la fiducia va data a chi veramente se la merita e che i VERI amici li riconosci nel momento del bisogno perché saranno loro a farsi avanti per offrirti il loro aiuto. In quei momenti sono arrivati anche tanti sciacalli che volevano soltanto approfittare del mio momento di difficoltà ed è stata un'esperienza molto triste vedere persone che poco tempo prima dicevano di essermi amici, cercare di arraffare quello che era rimasto.

Per fare il cambiamento bisogna scendere all'inferno, combattere con i propri demoni e risalire ogni giorno con tutte le forze da quel buco nero per tornare a vivere. Rinascere. E così ho fatto anche io.

Grazie alla mia esperienza ventennale nella progettazione dei campionari di abbigliamento, alla stima e fiducia che mi ero guadagnata in tutti gli anni di duro lavoro, sono potuta rinascere come stilista libera professionista. Ho collaborato con aziende conosciute e rinomate in tutto il mondo, ho viaggiato tanto e sono sempre stata a contatto con cose, persone e luoghi di pregio.

Da ex imprenditrice e libera professionista che per anni ha fatto esperienza lavorando nel campo della moda, posso dire di aver incontrato anche qualche bugiardo, qualche delinquente e qualche truffatore, insomma una buona quota di imbroglioni professionisti, ma questo non mi ha fermato e sicuramente non dovrà fermare te.

La qualità della tua vita coincide con la qualità delle domande che ti poni, tutto quello che crei nella tua vita nasce da un pensiero. Io ho cominciato ben presto a modellare tutto, la mia vita, il mio lavoro, il mio futuro, ponendomi semplicemente queste domande e registrando le risposte:

- Che cosa voglio davvero?
- Quali sono i valori importanti per me?
- Con quali azioni riuscirò a raggiungere quello che voglio?
- Quali ostacoli incontrerò?
- Come terrò monitorati i risultati?

Nella vita devi essere in equilibrio con tre aree molto importanti: corpo, mente e spirito. Entra nella ferita perché altrimenti non guarirai mai, devi diventare cosciente. Devi guardare la merda che c'è nella tua vita per avere il coraggio di toglierla.

E se la paura decide di venire a farti visita, aprile la porta e guardala bene in faccia. Qual è la cosa peggiore che mi può accadere se vado a fare le cose di cui ho paura? L'unico modo per imparare è sbagliare e riprovare. Elimina la paura perché quando non c'è nebbia puoi accelerare e puoi arrivare alla destinazione finale. L'unico modo per spegnere il buio è accendere la luce.

Il viaggio alla scoperta di sé può essere pieno di insidie, ma dovete compierlo in autonomia, senza evitare gli ostacoli. Cercate da soli la vostra strada, cambiatela tutte le volte che volete, seguite i vostri sogni. Non lasciate che l'educazione, le abitudini, i vostri stessi preconcetti diventino una prigione. Abbiate sempre il coraggio di cambiare voi stessi, le vostre idee, il vostro approccio, il vostro punto di vista, perché è l'unico modo per cambiare le cose che non vanno e per migliorare la vostra vita e quella degli altri.

E mentre cercate la vostra strada, tenete a mente chi volete diventare, pensate a quale impronta volete lasciare, a quale differenza volete fare. Non rimanete a bordo campo a guardare gli altri giocare, ma scendete in campo a giocare per vincere imparando le strategie di successo dai migliori.

Rimanete ambiziosi nei vostri obiettivi, perché rassegnarsi a una vita mediocre non vale mai la pena, anche se la strada verso la vittoria è impervia, tenete duro. Io non mi sono mai rassegnata!

Nel 2012 sono rinata di nuovo, ho cambiato percorso perché volevo inseguire il sogno di creare qualcosa di grande che rimanesse nel tempo, che sopravvivesse a me, ma che allo stesso tempo mi creasse la libertà di gestire il mio tempo come desideravo. Il senso di una enorme opportunità da cogliere, unito alla scarsa capacità di essere pessimista, risvegliarono l'entusiasmo la passione che si erano un po' addormentati.

Mi si aprì un mondo fino ad allora sconosciuto. È successo tutto per caso (anche se credo che nulla accada per caso), nonostante non avessi nessuna conoscenza di questo settore, fossi stata fino ad allora molto scettica riguardo a questa industria (non mi ero mai informata, ma ascoltavo i vari «ho sentito dire che...»).

Vi posso raccontare di quanto la curiosità, l'impegno e la voglia di pormi una nuova sfida abbia giocato un ruolo fondamentale nella mia scelta professionale che ormai mi accompagna da diversi anni. Di quanto la mia vita sia cambiata lavorando la maggior parte del tempo a casa (con la professione precedente ho consumato le autostrade in ogni condizione atmosferica), come lo stress che mi accompagnava ogni giorno abbia lasciato il posto a una qualità di vita 1.000 volte migliore dandomi benefici sia a livello fisico che mentale.

È stato un modo per sviluppare nuove conoscenze, nuove amicizie, grandi passioni, nuove sfide da superare, nuovi problemi da affrontare. Non vi dirò mai che è stato facile, ma è importante sapere che è possibile in qualsiasi momento della vostra vita scegliere di cambiare percorso, ritrovare la gioia e l'entusiasmo.

Fate di tutto affinché i vostri sogni infantili si avverino e abbiate il coraggio di correre dei rischi conservando la meraviglia di quando eravate bambini. Correre rischi va contro la nostra natura perché dobbiamo resistere alla tentazione innata di evitare pericoli. Questo istinto ci spinge a rimanere statici sui successi acquisiti mentre bisogna sempre provare a creare qualcosa di nuovo.

Se vuoi essere unico e originale devi accettare l'incerto anche quando ti crea disagio perché questo è un anello fondamentale nella catena dei valori più importanti.

«Fa' vedere al tuo sogno che veramente ci tieni a incontrarlo, senza pretendere che lui faccia tutta la strada da solo per arrivare fino a te, poi le cose accadono. I sogni hanno bisogno di sapere che siamo coraggiosi». Fabio Volo

La fase più difficile di ogni percorso è la partenza, l'ostacolo più grande è proprio cominciare e fare un passo dopo l'altro qualsiasi cosa tu abbia intenzione di realizzare, sia personale che professionale per acquisire nuove competenze e conoscenze che poi potrai condividere con altre persone.

I miei successi nella vita sono dipesi dal fatto che ho sempre accettato le mie debolezze, dalla consapevolezza che non conosco molte cose e dalla volontà di imparare quando mi accorgo di non sapere. Un evento tanto inaspettato quanto traumatico è stato il terremoto che nel maggio del 2012 ha sconvolto il territorio in cui ho sempre vissuto.

Nessuno immaginava che sarebbe potuto succedere un evento così distruttivo nella nostra terra perché è sempre stata definita una zona a basso rischio sismico, ma è accaduto. Un evento terribile che ha distrutto case, industrie, capannoni artigianali, stalle, monumenti, chiese, ci sono stati morti e feriti. Famiglie disperate che avevano perso tutto sotto le macerie, quotidianamente c'era la sfida di cercare di avere una vita decorosa nelle tende o nelle baracche allestite in tutta fretta nei giardini delle case che la gente non voleva abbandonare perché erano arrivati anche i delinquenti a rubare nelle abitazioni.

In questo scenario così catastrofico è uscita tutta la forza della gente della mia terra che immediatamente si è rimboccata le maniche per cominciare subito a ricostruire. È stato prezioso l'aiuto dei vigili del fuoco che sono arrivati da molte parti d'Italia, della Protezione Civile, dei volontari, dei privati che hanno cercato in ogni modo di dare il loro contributo per aiutarci a riprendere la vita nel miglior modo possibile.

Avevo da poco iniziato il nuovo percorso e questo evento mi ha costretto a un breve periodo di sosta, ma non mi ha fermato. Ci vuole un coraggio enorme e tanta determinazione per essere chi sei veramente e rispettare la tua identità. Se hai dentro di te un desiderio che non hai ancora realizzato hai il dovere di soddisfarlo perché sicuramente è stata la tua mente, la tua razionalità a fermarti nell'andare fino in fondo.

Troppi rimpianti accompagnano le persone nel loro ultimo viaggio. Sai quali sono i rimpianti più ricorrenti? Il primo è quello di non aver avuto il coraggio di vivere una vita fedele ai propri principi invece di quella che gli altri si aspettavano. Un altro rimpianto è quello di avere lavorato troppo; c'è quello di non aver avuto il coraggio di esprimere i propri sentimenti; un altro è quello di non aver curato le amicizie; e poi, fra gli altri, quello di non aver permesso a sé stesso di essere felice.

La velocità con cui le cose cambiano è impressionante, le cose di cui credi di avere bisogno sono proprio quelle che a volte ti tengono legato a una vita che non desideri. È una legge naturale che tutto cambia, ma tu stai guidando o subendo il cambiamento? Per avere il controllo dei tuoi pensieri e iniziare a pensare a quello che realmente vuoi immagina la tua mente come una fabbrica di pensieri.

Ogni volta che hai una domanda il cervello va a prendere un'esperienza del passato. Attenti alla banca dati! Come si fa a tenerla in ordine? Quando ti arriva un pensiero negativo rimpiccioliscilo, fallo diventare in bianco e nero, rimpiccioliscilo ancora e adesso mandalo via per farne arrivare uno positivo.

Pensa alla tua mente come un giardino: preferisci avere un giardino pieno di erbacce e tutto disordinato oppure un giardino bello curato, pieno di fiori profumati che attirano farfalle colorate? Come fare per avere un giardino bello, curato e pieno di farfalle? Non fare entrare pensieri negativi, ma solo pensieri positivi.

«Ma allora quale direzione devo prendere?». È molto semplice, non devi inventare nulla perché hai già tutto dentro di te, ma molto spesso sei concentrato sul lavoro e fai fatica a vedere la tua vita in modo complessivo. Ci sono delle resistenze inconsce nel cervello che è molto faticoso tenere sotto controllo perché solitamente non le riconosciamo e quindi ci mettono a disagio perché molte di queste sono legate al cambiamento.

Un esercizio molto interessante e costruttivo è quello di porti una semplice domanda: «Quali sono i miei punti di forza?».
Rispondi a questa semplice domanda e vedrai che la tua autostima aumenterà a dismisura. Ancora più bello è fare un gioco insieme a persone che conosci: ognuno dovrà scrivere, in forma anonima, su un biglietto, tre caratteristiche positive di ogni partecipante al

gioco. Ti stupirai di quanto le persone che conosci ti stimano e vedono cose belle in te.

Non disperdere le tue energie ma sii consapevole della capacità innata di gestire la tua vita e le varie situazioni. Capita a volte che più cerchi di organizzarti, meno ci riesci e la conclusione è che «il tempo è quello che è, punto!». Sembra sempre troppo poco, non si capisce perché trascorre così veloce, il tempo non si dilata e non si restringe, non puoi comandare al tempo, è una cosa che devi accettare.

A volte ti sembra d'indossare un abito di due taglie più piccolo della tua e la sensazione è che stai lasciando scorrere il tempo senza gestirlo. Sai benissimo che il tempo non è illimitato e che va usato bene, ma come si fa a raggiungere l'abilità di gestire bene il proprio tempo? Come è possibile rendere efficaci le nostre azioni in modo da farle diventare più produttive possibile? Serve forse più tempo?

Non serve più tempo, ti basta ottimizzare quello che hai per dedicarti alle cose che tu ritieni di valore e che potrebbero rientrare in questi tre ambiti: salute, affetti, soldi. Se vuoi padroneggiare il tuo tempo in modo corretto, dedicati a raggiungere la vita che desideri usando il tempo necessario ma liberandoti delle azioni che te lo fanno sprecare.

C'è una metafora molto interessante che parla di un vaso da riempire con sassi grandi, sassi piccoli, ghiaia e sabbia. Se inizi a riempire il vaso con ghiaia e sabbia non rimarrà lo spazio per i sassi grandi che rappresentano le azioni che ti servono per raggiungere i tuoi obiettivi. Se invece inizi a riempire il vaso con i sassi grandi, cioè le cose importanti, potrai riuscire a far entrare anche sassi piccoli, ghiaia e sabbia che simboleggiano le cose che per te hanno meno valore.

Il vaso rappresenta il tempo di cui disponi e che è limitato; cosa metti per prima cosa nel vaso? Metterai le azioni che servono a raggiungere i tuoi obiettivi personali e professionali altrimenti la giornata finirà e avrai la sensazione di avere sprecato il tuo tempo.

Quasi sempre anche le persone che ti stanno intorno, in assoluta buona fede, cercheranno di infilare nel tuo vaso impegni, priorità, distrazioni e in modo inconsapevole occuperanno spazio importante.

Per riuscire ad avere una gestione autonoma del tuo tempo devi imparare ad avere il coraggio di dire «Non ora» oppure «No», altrimenti rimarrai incastrato nei piani di altre persone che pensano di poter decidere al posto tuo.

Durante la mia rinascita ho avuto come amici fedeli tanti libri: dai libri di giardinaggio ai libri di crescita personale, libri che parlavano di cose frivole o di cose molto profonde, libri di sole fotografie, libri di cucina…AMO i libri. Ti insegnano sempre, ti supportano e sopportano rimanendo al tuo fianco in ogni momento, abbracciano la tua curiosità facendoti conoscere il nuovo, sono lì per te.

I libri ti fanno sognare terre lontane e sconosciute, puoi imparare da loro, ti aspettano senza essere invadenti. Al contrario di alcune persone che ci demotivano e la cui presenza è distruttiva, i libri ti capiscono e ti sostengono.

In alcuni momenti do uno sguardo alla mia vita e vedo che quello che speravo di ottenere diventa sempre più reale. Sono proprio io la persona che avevo immaginato, un insieme di allegria, coraggio, disciplina, audacia e arrivo alla conclusione che la vita può scorrere liscia come l'olio oppure diventare un mare in tempesta, ma entrambi queste condizioni fanno parte inscindibile di quello che sono diventata.

Le porte delle opportunità si spalancano quando riesci a riconoscere il tuo valore, solo così i sogni diventano reali. Penso che tutti noi custodiamo nella memoria più profonda le frasi che i nostri genitori hanno detto quando eravamo piccoli e che hanno creato un imprinting dell'educazione che ci hanno dato. La mia famiglia mi ha sempre spinto a cercare di dare il massimo e a non fermarmi davanti a nessun ostacolo, piuttosto a girarci intorno.

Capire che sbagliare è un modo per aumentare la conoscenza e dagli errori si può iniziare a costruire una vita felice. Darsi la possibilità di fallire mette nella condizione di accogliere il cambiamento mettendosi alla prova anche in cose che non si

31

conoscono; l'alternativa è rimanere incastrati in una vita che non ci appartiene che può renderci infelici per sempre.

RIEPILOGO DEL CAPITOLO 1:

- SEGRETO n. 1: Hai visto quanto conta l'influenza dell'ambiente esterno e perché devi sfruttare al meglio le tue capacità per raggiungere i tuoi obiettivi. Quanto le tue convinzioni ti motivano ad agire in un determinato modo.

- SEGRETO n. 2.: Riprova anche se hai fallito rispettando sempre i tuoi valori facendo tesoro delle esperienze passate, con gli occhi rivolti al futuro, ma vivendo il presente. Osa! Agisci! Datti la possibilità di sbagliare! Solo così impari.

- SEGRETO n. 3: Elimina le paure perché il successo ti sta aspettando, tutto quello che desideri lo puoi ottenere. Tutto è al di là delle tue paure.

- SEGRETO n. 4: Accetta tutto di te, sei speciale e unico! Quali sono i tuoi punti di forza? Non disperdere le energie accettando situazioni che non ti soddisfano: impara a dire "no".

- SEGRETO n. 5: Il tempo passa e le porte delle opportunità si spalancano quando riesci a riconoscere il tuo valore. Non devi rimanere incastrato in una vita che ti renderà infelice per sempre.

Capitolo 2:
Come dare una svolta alla tua esistenza

L'articolo 4 della Costituzione Italiana ha stabilito che «La Repubblica riconosce a tutti i cittadini il diritto al lavoro». Il lavoro dona armonia alla vita e nobilita l'uomo. Non è soltanto un diritto, ma anche un dovere che impegna ognuno di noi nel progresso sociale ed economico del paese.

Eppure, sempre più spesso lo percepiamo come una gabbia da cui evadere e che spinge le persone in uno stato di insoddisfazione continua. Il motivo non è il lavoro in sé, ma l'idea del superlavoro che la società nel corso dell'ultimo secolo è riuscita a imporci. Alla base dalla cultura del superlavoro si trovano l'aumento della disuguaglianza economica e, paradossalmente, la diffusa disoccupazione.

Sono tanti i dipendenti che, terrorizzati dall'insicurezza economica dalla paura di essere licenziati, lavorano molto duramente per mostrarsi indispensabili. Questo meccanismo non risparmia neanche i dirigenti, che difendono il loro posto sacrificando la maggior parte del tempo, lavorando da casa oltre l'orario previsto non dando spazio così alla loro vita privata.

Lo sai che il mondo sta cambiando alla velocità della luce e che i 10 lavori più richiesti nel 2017 non esistevano nel 2004? Lo sai quanti anni ci sono voluti per raggiungere un mercato di 50 milioni di persone? Alla radio 38 anni, alla TV 13 anni, a internet 4 anni, con l'iPod 3 anni, a Facebook 2 anni!

Il mondo del lavoro è totalmente cambiato ed è un fatto da accettare; non sono gli eventi a determinare i nostri stati d'animo, ma il significato che noi attribuiamo a loro. Nel XX secolo l'obiettivo principale delle persone era avere il posto fisso in un'azienda (il mantra era: studia, prendi buoni voti, trova un buon lavoro fisso, fallo per quarant'anni e poi avrai una bella pensione che si occuperà di sostenerti durante tutta la vecchiaia).

Nei primi decenni del XXI secolo, invece, si è capito che queste promesse nella maggior parte dei casi sono state disattese e quindi è tutto cambiato (vai a scuola e impara a essere un bravo dipendente, trova lavoro e cambia azienda più volte durante la tua carriera, sii consapevole che dopo quarant'anni di lavoro non potrai avere una pensione che ti sostenga).

Questo è un cambiamento a livello globale che significa che in futuro sarai pagato soltanto per quello che fai come succede già negli USA ai camerieri: hanno uno stipendio bassissimo e guadagnano grazie alle mance che dipendono dal loro rendimento. Questo succederà per tutti i lavori e tutte le professioni in tutto il mondo.

Lo sai che la Cina diventerà presto il primo paese a parlare la lingua inglese e che il 25% della popolazione indiana con il quoziente intellettivo più alto…è più grande della popolazione totale degli Stati Uniti d'America? Quindi l'India ha più ragazzi intelligenti di quelli degli Stati Uniti.

«Non pretendiamo che le cose cambino, se facciamo sempre le stesse cose. La crisi è la migliore benedizione che può arrivare alle persone perché porta progressi. La creatività nasce dalle difficoltà, nello stesso modo in cui il giorno nasce dalla notte oscura. È dalla crisi che nasce l'inventiva, le scoperte e le grandi strategie. Chi supera la crisi supera sé stesso senza essere superato. Chi attribuisce alla crisi i propri insuccessi e disagi, inibisce il proprio talento e ha più rispetto dei problemi che delle soluzioni. La vera crisi è la crisi dell'incompetenza. Senza crisi non ci sono sfide. Senza crisi non ci sono meriti. È dalla crisi che affiora il meglio di ciascuno. Dobbiamo lavorare duro. Terminiamo definitivamente con l'unica crisi che ci minaccia, cioè la tragedia di non voler lottare per superarla».

Albert Einstein

In oriente la parola crisi significa anche opportunità. Non a caso, solamente dopo una profonda crisi, le persone hanno la possibilità di agire verso un cambiamento e un miglioramento. Purtroppo non tutti gli individui riescono a farlo. Alcuni, infatti, si lasciano sopraffare dalla crisi e cadono in uno stato di totale immobilità.

La causa è da ricercare a volte nella difficoltà che alcune persone hanno nel prendere una decisione se non sono assolutamente certi che questa andrà a finire bene. Poiché nessuno può sapere in anticipo l'esito di quello che facciamo, queste persone trascorreranno la vita ferme ad aspettare di avere una conferma che non avranno mai.

In questo scenario si vede in lontananza uno spiraglio di speranza perché pensate che nel 2014, in periodo di piena crisi, «il Sole24ore» ha riportato che in Italia la percentuale di persone ricche è aumentata del 16%. Come è possibile che ci siano persone che nuotano letteralmente nell'oro, mentre altre sono costrette a rinunciare a mandare i figli a scuola o calcio per arrivare a fine mese?

Possiamo trovare questa risposta ponendoci un'altra domanda ancora più diretta: quando è che un'azienda entra in crisi economica? Un'azienda entra in crisi economica nel momento in cui inizia a esserci una differenza tra ciò che l'azienda offre e ciò che il mercato chiede.

Come si sarebbe evoluta l'umanità senza innovazione? Pensa se il mondo anticamente fosse stato composto da uomini e donne che non desideravano migliorarsi e che non volevano uscire dalla propria caverna; non sarebbero stati scoperti i continenti, la ruota, e così via fino ai giorni nostri. La voglia di conoscenza ha permesso all'uomo di scrivere, dipingere, inventare il telefono e la lampadina, di scoprire farmaci, di inventare l'aereo, di andare sulla luna.

Pensa agli scienziati, ai navigatori, agli imperatori, ai letterati, ai ricercatori, a tutte quelle persone che i libri di storia ricordano come "grandi" e che hanno portato innovazione nel loro periodo storico. Il progresso vuole dire trovare nuove idee, nuovi punti di vista a volte stravolgendo quelle che c'erano state precedentemente, andare controcorrente rispetto a tutti gli altri.

Solo 150 anni fa era fantascienza pensare che scatole di metallo avrebbero volato nei cieli con dentro centinaia di persone mentre oggi l'aereo è diventato un usuale mezzo di trasporto. Immaginiamo l'uomo delle caverne che ha inventato la ruota e che probabilmente è stato deriso dai suoi amici che non capivano l'importanza di quello che stava facendo.

Internet ha cambiato il mondo in modo radicale. Alcune industrie hanno già subito stravolgimenti importanti come ad esempio è successo all'editoria che ha perso il suo lavoro di intermediario perché a poco a poco i giornali, le riviste, i libri sono stati sostituiti (per fortuna ancora non completamente) da notiziari on-line, ricerche su Google, social ecc. La reazione degli editori è stata quella di offrire al consumatore il prodotto digitale e questo li metterà in futuro in una posizione migliore di altri imprenditori di altri settori.

Penso sia più difficile far partire un'azienda con un'idea innovativa quando l'economia sta andando bene perché tutti hanno soldi e pensano che sarà sempre così. Quando invece, come adesso, la competizione diventa più dura perché l'economia sta cambiando, escono tante idee nuove che fino a ieri non si sarebbero neanche immaginate.

Durante i momenti di difficoltà si possono trovare giovani talenti in cerca di lavoro disposti a credere in un progetto innovativo. Credere in sé stessi e nelle proprie idee, avere umiltà ed entusiasmo, è fondamentale per ottenere successo. Il talento conta, ma la cosa più importante è dedicarsi un giorno dopo l'altro con determinazione e tenacia nel lavoro per realizzare le proprie idee.

Fai uscire energia positiva da ogni parola, da ogni gesto, da ogni sguardo e diventerai una calamita per le persone che come te vogliono raggiungere traguardi importanti. Ciascuno di noi ha a disposizione risorse che gli permettono di superare ogni genere di ostacolo e fare tesoro delle critiche positive.

La storia recente ci consegna anche testimonianze di aziende che avevano conquistato un mercato, ma l'hanno perso perché non si sono progredite. Sicuramente ti ricorderai di Kodak, l'ex colosso che aveva praticamente il monopolio della vendita dei rullini fotografici. Kodak è passata da avere 140.000 dipendenti e 19 miliardi di dollari di fatturato nel 1990 ad avere 8.000 dipendenti e 7 miliardi di dollari di debiti nel 2012.

Perché? Non hanno ritenuto importante rinnovarsi pensando di mantenere il primato che avevano sul mercato di allora. Risultato? Hanno rinunciato a un mercato che ha avuto un incremento di quasi cinque volte nei dieci anni successivi. Eppure hanno avuto la possibilità di innovarsi e mantenere un notevole vantaggio perché, pensate che, il primo prototipo di macchina fotografica digitale fu realizzato da un ingegnere della Kodak, Steven Sasson.

Quando presentò il prototipo la risposta di Kodak fu: «Steven, le foto su uno schermo non le guarderà nessuno, fidati». Sottovalutare l'evoluzione che avrebbe avuto la richiesta della loro clientela ha permesso ad aziende più lungimiranti come la Sony di farsi breccia nel mercato della fotografia digitale e conquistarlo. Le persone scattano ogni giorno un numero infinito di foto ma è cambiato il modo di guardarle.

Ci sono quattro lezioni da imparare da questa storia:
1. Ascolta sempre il mercato: cresci ed evolvi costantemente in modo da capire cosa il mercato chiederà.
2. Che tu abbia un'azienda o che tu sia un collaboratore, cerca di essere sempre sul pezzo e non dare mai nulla per scontato.
3. Quello che oggi è lo standard, domani potrebbe essere non allineato con ciò che viene richiesto.

4. Non tentare di imporre al mercato quello che interessa a te, tieni sempre un orecchio sul mercato e cerca di evolvere di conseguenza.

Tanto se non lo farai tu lo farà qualcun'altro. Lo stesso vale anche se sei un collaboratore, non fossilizzarti su delle competenze obsolete, cerca di formarti quanto più possibile su ciò che le aziende cercano. Sfrutta le brecce lasciate dagli altri: trova inefficienze nel mercato e lì troverai guadagno. Sii sempre la Sony della situazione.

«Nella vita è sufficiente che tu faccia poche cose giuste, purché non ne faccia troppe sbagliate».
Warren Buffet

La crisi è una benedizione perché ti avvisa che hai smesso di crescere, quindi, non deve essere vissuta come una disgrazia ma come un'occasione, un'opportunità importante e utile. Le paure vivono costantemente in noi; a volte perché le abbiamo imparate da qualcuno che ce le ha descritte così bene da farcele credere e talvolta anche da esperienze che ci hanno toccato profondamente a livello emotivo.

La paura è come un verme solitario, può vivere in noi per tanti anni crescendo in modo spropositato diventando così, giorno dopo giorno, padrona delle nostre scelte. O decidi di stare al suo servizio e lasciare che sia lei a governare la tua vita, o scegli di farle lo sgambetto, cambiandole nome e per esempio dicendole: da oggi mia cara, tu non sarai più la mia paura, ti chiamerò SFIDA, perché diventerai quel trampolino di lancio dal quale ne uscirò ogni volta con in mano la vittoria.

I cambiamenti ci spaventano da sempre, non è una novità. Gli individui che non ammettevano i cambiamenti esistevano anche prima della nascita di Ned Ludd, il teorico di cui in realtà non si ha la certezza dell'esistenza, e del cosiddetto movimento luddista sviluppatosi all'inizio del novecento in Inghilterra che fu caratterizzato dal sabotaggio della produzione industriale di macchinari come il telaio meccanico introdotti durante la rivoluzione industriale.

Le macchine industriali erano di fatto considerate una minaccia per i lavoratori salariati perché ritenute la causa dei bassi stipendi e della disoccupazione.

Si aveva paura che l'automazione avrebbe portato via posti di lavoro quindi era nato un vero e proprio movimento che combatteva l'introduzione delle macchine nelle fabbriche. La preoccupazione che c'è oggi per le innovazioni c'era anche allora; il nuovo fa paura, l'ha sempre fatta e forse la farà sempre come dimostrano le reazioni ai grandi cambiamenti avvenuti nella storia dell'uomo.

Ce ne sono tantissimi:

- Nel 400 a.C. si aveva paura della scrittura perché si pensava che avrebbe cancellato la memoria.

- Nel 1400 la religione cattolica mette in discussione l'invenzione della stampa, ovviamente perché non poteva essere controllata.

- Nel 1565 a essere temuti sono i libri, troppi libri avrebbero creato confusione e caos.

- Nel 1775 si affermava che le notizie divulgate attraverso i giornali avrebbero creato isolamento.

- All'inizio dell'Ottocento c'era il movimento luddista che voleva fermare il progresso nelle fabbriche.

- 1820 Le donne non avrebbero potuto viaggiare sui treni perché la velocità avrebbe fatto muovere l'utero. I corpi delle donne non avevano la struttura adatta per andare a 50 miglia all'ora e si pensava che gli uteri delle passeggere volassero fuori dai loro corpi mentre venivano accelerati a quella velocità.

-1831: Faraday scopre I campi elettromagnetici ed è il turno della paura dell'elettricità

- 1880: si temono le lampadine.

- Nel 1890 a fare paura è l'invenzione del telefono che avrebbe permesso di viaggiare agli spiriti maligni e avrebbe ucciso la vita sociale, la vita faccia a faccia che in verità è quello che succede adesso ma si pensava già nel 1890.

- All'inizio del Novecento le donne non dovevano guidare perché troppo instabili emotivamente.

- Il 1936 è l'anno della radio che avrebbe distratto i ragazzi dal fare i compiti.

Per fortuna che ci sono individui che non si lasciano intimidire dalle paure degli altri portando a compimento le loro idee anche se vengono giudicate folli. Gli studenti che oggi intraprendono un percorso scolastico stanno studiando per lavori che a breve non esisteranno più. Esistono adesso mercati che saranno spazzati via dall'evoluzione che è già in atto da parecchio tempo e che lasceranno il posto ad altri di cui ora non sappiamo neanche l'esistenza.

Questa nuova economia, in cui la tecnologia sostituisce il lavoro dell'uomo, richiede meno persone per cui ci saranno meno posti di lavoro; sta succedendo quello che è successo più di cento anni fa poiché in quel periodo il 90% dalla popolazione lavorava nelle campagne, nell'agricoltura mentre oggi, nell'epoca di questo straordinario sviluppo tecnologico, chi lavora in campagna È soltanto l'1%.

Tanti lavori sono già spariti sostituendo la macchina all'uomo e non c'è nulla che possa fermare questo processo, anzi, sarà sempre più veloce. Valutare quali aspetti della tua vita o della tua attività possono essere trasportati con successo su internet penso sia un ottimo sistema per allargare in futuro il tuo business.

Internet ha causato il più macroscopico cambiamento recente di come le persone gestiscono ogni cosa, ma non sarà di sicuro l'ultimo. Comunque, qualsiasi sviluppo abbia il futuro, è sempre meglio nuotare con la corrente piuttosto che contro, rimanendo informati di quali potrebbero essere i cambiamenti in atto e preparare il terreno per essere pronti ad accogliere il nuovo.

Nel XXI secolo non esiste più il "posto fisso", che dava più stabilità sia all'imprenditore che al dipendente, e quindi dovrai coltivare sempre nuove capacità seguendo di volta in volta le tendenze di un'economia in continuo cambiamento. Nella maggior parte delle persone domina la paura della tecnologia, della digitalizzazione totale che è in atto.

Ma riflettiamo su un concetto molto semplice: tutti noi abbiamo un cellulare e quanti di noi vanno a letto con il cellulare acceso sul comodino? Quanti di noi al mattino la prima cosa che facciamo è guardare i messaggi o le mail sul cellulare? Seguiamo Facebook, Instagram col cellulare. Creiamo relazioni e le coltiviamo attraverso il cellulare.

Ci sono applicazioni per fare qualsiasi cosa: gestire il conto in banca, fare la spesa, scannerizzare documenti, fare foto e modificarle, prenotare viaggi … Tutto questo e tanto altro lo gestiamo col cellulare! Siamo tutti molto più tecnologici di quello che pensiamo perché il cellulare ormai è dentro di noi, non lo daremmo mai a nessuno per nessuna ragione, e col cellulare possiamo accedere a qualsiasi informazione, fare videochiamate, inviare mail, fare video…. lo usiamo perfino per telefonare!

Lo teniamo in tasca o nella borsa e sta con noi tutto il giorno; come consumatori noi lo sappiamo perfettamente, peccato che ci dimentichiamo che il mondo è digitalizzato e noi siamo i primi a essere tecnologici senza prestare attenzione a come sarà il futuro. Se pensiamo che lo tsunami digitale in corso tocchi soltanto alcuni, allora ricordiamoci di Blockbuster che non esiste più, non perché le persone non guardano più i film, ma li guardano in un altro modo, con Netflix.

Siamo in un mondo che sta veramente cambiando, questi sono solo alcuni esempi. Il cambiamento in atto è un cambiamento completo, in ogni ambito della nostra vita.

Nella mobilità ad esempio sta arrivando la nuova tecnologia Hyperloop, una tecnologia del futuro che manderà una persona in 20 minuti, mezz'ora da Milano a Roma alla velocità di 1.200 km all'ora. Sicuramente, fra qualche anno, quando racconteremo ai nostri nipoti che in passato guidavamo automobili rumorose che emettevano fumi tossici, loro non ci crederanno.

Fra pochi anni Elon Musk promette di mandarci su Marte. Nella genetica uno dei più famosi genetisti al mondo, Craig Venter, scienziato e imprenditore, con Human Longevity promette di far superare a tutti i cento anni, vuole rallentare il processo di invecchiamento e aumentare la longevità della specie umana.

Ed ecco tre dati interessanti che ci fanno capire quanto è importante non scegliere la strategia dello struzzo che mette la testa sotto la sabbia per non vedere quello che succede, ma avere le idee ben chiare di quello che sta succedendo e succederà per essere sempre pronti a trarne il meglio:

1. Il 73% dei lavori che esisteranno fra dieci anni, oggi non esistono.

2. L'età della pensione si allunga continuamente e l'entrata nel mondo del lavoro aumenta inesorabilmente.

3. I robot fra meno di quindici anni sostituiranno il 64% dei lavori esistenti.

Come ci si muove in questo contesto? Ci sono due strategie: la prima è sperare comunque di poter sopravvivere, ma in tutti questi anni io non ho mai visto che questa sia stata una strategia vincente (strategia dello struzzo).

La seconda strategia è reinventarsi. Ogni volta che sento la parola reinventarsi mi viene l'orticaria perché reinventarsi è veramente molto faticoso, ma è necessario per non subire gli eventi ma esserne gli artefici. Per reinventarsi, evolversi si possono adottare diversi metodi.

Il primo è sdoppiarsi, come ad esempio ha fatto Google che ha creato un'azienda all'esterno dove fa innovazione perché Google è pensata per monetizzare sulla pubblicità, mentre la ricerca viene fatta fuori sempre da persone Google. È possibile anche per persone che non sono colossi come Google sdoppiarsi per stare al passo con i tempi. Una persona che ha un reddito da dipendente o da imprenditore può crearsi al di fuori della professione tradizionale un'entrata in un settore innovativo senza stravolgere la propria vita ma creandosi un piano alternativo a quello che sta facendo (ne parleremo dopo).

Il secondo consiglio parte da quello che ha fatto Jeff Bezos di Amazon quando ha lanciato Kindle. O in questo settore che ormai è diventato il tuo settore in tutti gli argomenti sei tu che cerchi ogni giorno di essere il migliore e il più innovativo o arriva qualcuno che ti mette fuori dal mercato facendolo al posto tuo, scegli. Amazon ogni giorno cerca di migliorarsi inventando lei le soluzioni che potrebbero mettere altri al loro posto. Vuoi essere tu a decidere della tua vita facendo anche scelte in quel momento scomode o vuoi subire sempre le scelte di altri?

La terza segnalazione che vi faccio è riguardo le persone; in un mondo che va verso una totale automazione le persone contano sempre di più. Avere persone formate, motivate, sul pezzo, che veramente creano un rapporto con il cliente che non sia la telefonata standard del customer care, automatizzata, di uno che mi legge delle cose prestampate, ma che creino un rapporto di stima e di fiducia farà la differenza.

Avere persone preparate, competenti, con esperienza, che abbiano un livello alto di empatia, questo farà una enorme differenza nel mercato perché in un ambiente pieno di algoritmi e di intelligenza artificiale avrà un valore sempre più alto quello dell'esperienza e del contatto umano.

Quindi investi su te stesso, migliorati ogni giorno di più, aumenta il tuo valore e trasformerai questo tsunami digitale in una grande opportunità.

Dove alcuni in questa trasformazione epocale vedono l'apocalisse io, avendo avuto l'esperienza che mi ha permesso negli anni di vedere aziende che si sono completamente trasformate restando al passo con i tempi con grande successo, io sento che c'è una grande opportunità per chi è pronto a cavalcarla questa onda, per chi è preparato.

«Non è la più forte delle specie che sopravvive, né la più intelligente, ma quella più reattiva ai cambiamenti».

Charles Darwin

E con questo non desidero che tu abbia una visione della vita peggiore di quella che è, che potrebbe darti la scusa per non fare nulla di concreto, ma devi vedere le cose per quello che sono realmente e usare la tua intelligenza per crearti la vita che desideri.

La paura ti tiene fermo; hai paura e ottieni proprio quello di cui hai paura perché non agisci. L'area dove non sei felice è perché non hai il coraggio per agire. La paura porta più paura e come fai a toglierla? Dobbiamo analizzarla scinderla, capirla e averne la consapevolezza per sconfiggerla.

A causa di quella paura, cosa hai perso finora? Quanto hanno avuto di meno i tuoi famigliari perché tu non hai avuto il coraggio di superare le tue paure? Qual è la cosa peggiore che ti può capitare se non cambi? Quanto tempo potevi essere più felice? Cosa potresti perdere ancora se non agisci?

Ma devi essere consapevole che puoi avere la qualità di vita che desideri e che ti meriti. Quando sei incerto sul tuo futuro economico, sei influenzato anche nella fiducia che puoi avere in altri campi, cioè sulla tua carriera, sulle tue relazioni, sulle tue emozioni, sulla tua salute. Quando controlli la parte economica della tua vita ti senti anche più forte, sicuro e anche spinto a renderti più responsabile ad accettare nuove sfide.

Tutti abbiamo il potenziale per ottenere grandi risultati, il nostro cervello funziona come un computer perché ha dentro di sé, già installate, abilità, capacità, memoria e funziona, spesso in modo inconsapevole. Quante volte hai ripetuto ad alta voce: «Quando voglio veramente qualcosa, mi impegno al massimo e in un modo o nell'altro la ottengo!».

Allora, visto che credi questo di te stesso, perché hai paura di non riuscire se sei sicuro del fatto che, impegnandoti sul serio, ce la farai, senza nessun dubbio? La maggior parte delle persone pensa in piccolo perché ha paura di prendere decisioni e, stranamente, paura di vincere.

Dare una svolta alla propria esistenza è possibile solo se si è disposti a guarire da malattie molto diffuse come la "lamentite", la "divanite", la "rimandite" per avventurarsi in un mondo pieno di possibilità. Questa è la TUA vita! Prendine il controllo!

RIEPILOGO DEL CAPITOLO 2:

- SEGRETO n. 1: Devi accettare che il mondo del lavoro è in evoluzione, adattandoti al presente e prevedendo il futuro. Non devi resistere al cambiamento, ma cavalcarlo.

- SEGRETO n. 2: Il progresso ha portato alla fine le aziende che no hanno saputo rinnovarsi. Credi nelle tue idee co determinazione,tenacia e portale a compimento. Ascolta il mercat e non dare mai nulla per scontato, cerca di evolvere secondo l richieste del mercato.

- SEGRETO n. 3: Non avere paura della tecnologia, ormai fa parte c noi, della nostra vita. Non fare lo struzzo, ma tieniti aggiornato.

- SEGRETO n. 4: In un mondo automatizzato le persone contan sempre di più: le persone formate, motivate, competenti, co esperienza, faranno la differenza. Si darà più valore al contatt umano.

- SEGRETO n. 5: Aumenta il tuo valore: formati, migliorati ogni giorno perché, per chi è preparato, questa trasformazione è una grande opportunità.

Capitolo 3:
Come non dipendere più dalla pensione

Anche se ti sembra tanto lontano il futuro si avvicina molto rapidamente e la vecchiaia prima o poi arriva, proprio come la tua pensione (in teoria). Secondo recenti ricerche più del 50% delle famiglie non avrà abbastanza soldi per mantenere il proprio tenore di vita quando sarà in pensione. Più della metà!

E di questo non possiamo dare tutta la colpa all'economia o allo stato perché da parecchi anni è incominciata l'abitudine di non risparmiare e investire denaro, mentre è aumentata in modo vertiginoso l'abitudine di spendere soldi in lotterie o giochi simili in cui la probabilità di vincere è inferiore a quella di essere colpiti da un fulmine.

Non viviamo più nel mondo dei tuoi genitori o dei tuoi nonni che ti hanno ripetuto sempre: studia, prendi buoni voti, trova un lavoro, lavora per quarant'anni così poi andrai in pensione e potrai goderti la vita. Forse sarai fortunato e vivrai molto a lungo e in salute, ma non sarebbe una fortuna se non avessi i soldi necessari per sostenere lo stile di vita a cui sei abituato.

Molte persone sono state condizionate per tutta la vita a concentrarsi sulla costruzione della propria pensione e a vederla come un importante punto di arrivo senza la consapevolezza che le leggi sulla pensione cambiano continuamente. Come fai a sapere che i soldi non finiranno mai? E che i tuoi sogni di goderti la meritata pensione non vadano in fumo?

Come farai a difenderti durante la prossima crisi se non hai da parte il necessario o non hai un sistema che in automatico ti produce denaro e la pensione è troppo bassa? Ti sarai creato durante la tua vita lavorativa un modo indipendente dalla pensione che possa sostenere te e la tua famiglia?

Che cosa potrebbe succedere se non potessi o non volessi più lavorare? Stai pensando al tuo futuro in modo attivo o in modo passivo? Se tu o un tuo familiare avrete bisogno di cure costose hai provveduto a essere pronto con sufficienti risorse economiche?

L'argomento pensioni è sempre quello più dibattuto dai telegiornali e dai talk-show politici. Si dice qualsiasi cosa, si promette di tutto e di più, ma poi non si capisce mai qual è la realtà dei fatti. Vediamo come funzionano le pensioni per capirne qualcosa di più: ci sono due sistemi per finanziare il sistema pensionistico.

Uno consiste nel fatto che vengono trattenuti degli importi dagli stipendi e vengono accantonati per maturare degli interessi; solo alla fine verranno restituiti con anche gli interessi. L'altro sistema è un po' diverso ed è quello adottato in Italia.

In Italia le trattenute di oggi servono a pagare le pensioni di oggi, cioè i soldi che ti vengono trattenuti adesso vanno direttamente a pagare quelli che adesso sono in pensione. È vero che viene registrata la tua contribuzione, il tuo diritto futuro a percepire la pensione, ma se in futuro non ci saranno più i soldi? Anche se sarà un tuo diritto non credo che potrai avere niente.

Questo sistema è molto probabile che crei un grande squilibrio finanziario: quando l'INPS paga le pensioni deve avere anche lo stesso importo in entrata, ovvero i contributi di chi sta lavorando.

Attualmente però le entrate sono inferiori a quello che occorre per pagare le pensioni.

Perché il sistema funzioni ci deve essere un equilibrio fra quello che esce in rapporto alle persone che lavorano e questo abbiamo già la certezza che non esiste e, grazie al calo demografico in atto, questo equilibrio non si verificherà neanche nel futuro. Anzi, le stime demografiche vanno nella direzione opposta, cioè ci saranno sempre più vecchi e sempre meno nascite.

Inoltre l'INPS ha un sacco di spese dovute ai dipendenti, agli immobili, agli uffici e all'occorrente per farli funzionare. Si capisce bene che l'equilibrio perché tutto funzioni al meglio non c'è. Ma c'è una soluzione per abbassare le spese e aumentare le entrate? Fino a ora le uniche soluzioni sono state quelle di aumentare l'età pensionabile e le tasse.

Analizzando questo sistema vediamo chiaramente che, come affermato anche dall'ex presidente dell'INPS Tito Boeri, non è altro che uno schema piramidale, uno schema Ponzi che in Italia è tra l'altro vietato. Di certo l'INPS per come è strutturata e per come funziona non può durare nel tempo perché la forza lavoro continua a diminuire e succederà che mancheranno le risorse per pagare e nei prossimi anni ci saranno di sicuro delle criticità.

L'invecchiamento continuo della popolazione, si vive e si vivrà più a lungo e più in salute, unito al calo delle nascite fa diventare insostenibile questo sistema. Cosa vuole dire tutto questo? Pensioni più lontane e assegni più bassi. È un problema che coinvolgerà tutti noi.

È possibile che dopo anni di duro lavoro, sacrifici, levatacce ci si possa trovare con un pugno di mosche in mano, con quattro spiccioli che non ci bastano neanche per fare la spesa. Uno scenario che rischia di peggiorare sempre di più anno dopo anno.

I soldi sono dei grandi facilitatori nella vita di tutti i giorni; da soli non possono dare la felicità, ma possono pagare vacanze insieme ai nostri cari, servire per fare beneficenza, dare la possibilità di fare qualche regalo in più, servono per pagare l'acquisto o l'affitto della casa in cui abitare, occorrono per il cibo e i vestiti per noi e per i nostri familiari. Non si tratta di avidità, ma di avere una qualità di vita migliore.

Credi che riuscirai ad arrivare alla pensione? Credi che l'INPS riuscirà a mantenere lo stile di vita che desideri quando uscirai dal mondo del lavoro? Se sei una persona attenta avrai notato che succedono delle cose un po' strane. Ogni due o tre anni viene fuori una motivazione che fa slittare l'età della pensione di qualche anno mentre quella dell'entrata nel mondo del lavoro aumenta in modo incessante.

Cosa significa tutto questo? Che sempre meno persone lavorano per mantenere la pensione a sempre più persone. Cosa fare allora? Come puoi proteggerti per tutelare il tuo futuro? Come puoi sostituire una pensione che non arriverà?

Quelle belle pensioni da dipendenti o da statali su cui i nostri nonni e i nostri genitori facevano affidamento stanno finendo, come le sarte e i falegnami. Una piccolissima parte della forza lavoro del settore privato è coperta da qualche piano pensionistico in cui il lavoratore si assume tutti i rischi.

Ogni giorno che passa ci sono sempre più persone che si chiedono se ci saranno soldi quando arriverà il loro momento. Qual è dunque il tuo piano per essere sicuro di avere ciò che ti serve quando uscirai dal mondo del lavoro?

Se un problema lo percepiamo come troppo pressante, tendiamo a bloccarci e a non fare nulla e quindi subire quello che è stato deciso per noi. Non è colpa nostra, è che siamo programmati così, poiché non abbiamo idea di cosa fare, ci limitiamo ad accettare quello che altri hanno deciso per noi.

Quando si tratta del mondo fisico superiamo i nostri limiti usando scale, auto, ascensori, ma quando pensiamo a cose come la salute o la pensione ci dimentichiamo che la nostra conoscenza ha dei limiti. Basterebbe cercare di capire cosa non sappiamo, prendere il controllo della propria vita con la conoscenza e gli strumenti giusti.

Vuoi che il mondo cambi? Devi cominciare cambiare tu per primo. Con le tue decisioni puoi costruirti una confortevole pensione oppure una vecchiaia in miseria, un corpo in salute o pieno di acciacchi, una vita piena di stimoli oppure una vita piatta, questo in qualsiasi condizione tu ti trovi.

Avrei un immenso piacere che tutti, dagli studenti che si stanno inserendo adesso nel mondo del lavoro, a coloro che già stanno lavorando e che hanno visto cadere le proprie certezze con la fine del posto fisso, ai cinquantenni che si trovano a doversi reinventare a un'età in cui di solito ci si era già creata una professione stabile, tutti cercassero di pensare non solo alle condizioni sfavorevoli che si sono venute a creare, ma alle grandi opportunità che la situazione attuale offre.

Questo non è il momento per demoralizzarsi, ma quello di rimboccarsi le maniche e correre ai ripari. Ci sono due modi per interpretare la parola pensione perché possiamo intendere la pensione come istituzione e la pensione come mentalità. La pensione come istituzione è nata come sostegno alle persone che, dopo tanti anni di lavoro, avrebbero potuto riposarsi con la tranquillità di sapere che ogni mese sarebbe arrivato il necessario per poter vivere una vita serena dal punto di vista economico.

Purtroppo si allunga sempre più l'età in cui le persone possono usufruirne e in molti casi è assolutamente insufficiente per mantenere una vita decorosa creando una diffusa povertà tra le persone anziane. Questo, oltre al fatto che molto spesso le persone anziane vengono percepite come un peso e non come una risorsa preziosa, crea una emarginazione diffusa.

La pensione come istituzione è ovvio che sia giusta, ma purtroppo ha creato la mentalità da pensionato, cioè una persona di venti, trenta, quarant'anni ragiona così: «Faccio un lavoro che non mi piace fino all'età pensionabile 60, 65, 70 anni e poi finalmente andrò in pensione e potrò fare quello che ho sempre desiderato nella vita». Allora io mi chiedo perché devi aspettare i 60, 65, 70 anni per fare quello che desideri nella tua vita, perché non puoi iniziare già da adesso? «Ma sai il lavoro, la crisi, le difficoltà…».

Viviamo nel miglior periodo della storia, dove ci sono tantissime opportunità da tutti i punti di vista e quindi queste scuse non hanno nessun fondamento. Un altro pensiero ricorrente nella mentalità da pensionato è quella per cui quando hai dei soldi puoi smettere di lavorare e non fare nulla. Attenzione però! Non fare niente ti uccide non solo dal punto di vista fisico ma uccide anche i neuroni. Studi scientifici hanno determinato che puoi generare nuovi neuroni se conduci una vita attiva, ma se fai una vita passiva i neuroni ti salutano.

La mentalità da pensionato è una mentalità che tende a posticipare, ad accettare un lavoro che «non mi piace e comunque devo fare lo stesso», è la mentalità del lamento e del «è sempre colpa di qualcun altro». Come fare per migliorare? Per prendere il controllo della tua vita non devi più sprecare le energie correndo ogni giorno senza una direzione, oppure devi smettere di subire lo scorrere del tempo senza gestirlo in modo da creare valore intorno a te.

Se sei in un momento di riflessione e fai fatica a trovare un senso alla tua vita, fermati e rifletti su tutte le cose buone che hai portato intorno te. Sei una di quelle persone che, per assecondare a ogni costo l'opinione comune ed evitare i conflitti, per essere apprezzato, ritieni necessario di doverti adattare a ciò che vogliono gli altri dimostrandoti sempre educato, disponibile, allegro?

67

È arrivato il momento per riuscire a disinnescare questo meccanismo che ti porta a trascurare il tuo equilibrio interiore e in questo modo riappropriarti dello stile di vita che più ti soddisfa.

RIEPILOGO DEL CAPITOLO 3:

- SEGRETO n. 1: Le pensioni oggi, in Italia, vengono pagate con le trattenute ai lavoratori. Cosa succederà quando il numero dei lavoratori sarà inferiore al numero dei pensionati?

- SEGRETO n. 2: Sicuramente il sistema pensionistico, come adesso è strutturato in Italia, collasserà. La popolazione invecchia sempre di più.

- SEGRETO n. 3: Decidi di non far dipendere il tuo futuro da un sistema che non può durare.

- SEGRETO n. 4: Non è il momento di demoralizzarsi, ma di rimboccarsi le maniche e trovare soluzioni.

Capitolo 4:

Come capire quale direzione dare alla tua vita

«Mai si è troppo giovani o troppo vecchi per la conoscenza della Felicità. A qualsiasi età è bello occuparsi del benessere dell'animo nostro. Chi sostiene che non è ancora giunto il momento di dedicarsi alla conoscenza di essa, o che ormai è troppo tardi, è come se andasse dicendo che non è ancora il momento di essere felice, o che ormai è passata l'età. Ecco che da giovani come da vecchi è giusto che noi ci dedichiamo a conoscere la felicità. Per sentirci sempre giovani quando saremo avanti con gli anni in virtù del grato ricordo della felicità avuta in passato, e da giovani, Irrobustiti in essa, per prepararci a non temere l'avvenire».
Epicuro

Quando avevo vent'anni, se mi avessero chiesto di descrivere come sarei stata alla mia attuale età, non sarebbe stato quello che sento oggi. L'età è solo un numero cronologico, non dovrebbe dettare come ti senti o come vivi la tua vita, sia che tu abbia poco più di vent'anni, sia che tu abbia superato anche da molto tempo gli "anta".

Intorno ai 18 anni ho fatto la scelta di rendere la mia salute fisica, mentale e finanziaria una priorità, e adesso, che sono passati tanti anni, direi che biologicamente la mia età reale è più simile a 36 anni e questa è solo una delle bellezze di vivere uno stile di vita attivo, sano e con cose sempre nuove da scoprire e da imparare. Penso che lo stare bene derivi dalla sinergia tra alimentazione, attività fisica, approccio mentale e che una buona qualità della vita dipenda molto dall'attenzione che abbiamo nel creare abitudini sane.

«La salute non è semplicemente l'assenza di malattia, ma uno stato di completo Benessere fisico, mentale e sociale».
Organizzazione Mondiale della Sanità (OMS), 1946

Non mi dilungherò a parlare di questo argomento poiché possiamo trovare consigli di ogni genere dappertutto (riviste, siti Web, canali televisivi, app sul cellulare…) su come dovremmo mangiare, quanta attività fisica dovremmo fare, e, in generale, come prevenire le malattie che più temiamo, ma voglio sottolineare che essere in salute ci rende persone ricchissime. Ci è stato dato il dono di un corpo che funziona in modo meraviglioso, custodiamolo con cura.

Dipende tutto da noi e dalle scelte che facciamo perché la vita che desideriamo non arriva per caso. La sensibilità verso la cura della salute per avere una migliore qualità di vita è una delle caratteristiche della nostra epoca che spinge la ricerca scientifica verso traguardi sempre più ambiziosi.

È evidente che questo sia molto positivo perché ha creato un diffuso benessere, ma ha anche fatto nascere e prosperare, visto che il mercato ha una fortissima richiesta di prodotti e servizi legati ad avere un ottimo equilibrio psicofisico, professioni legate a questo settore.

Pensate che esistono vari studi che hanno potuto stabilire che tutto ciò che è inerente alla cura e il benessere dell'individuo (dal parrucchiere al fisioterapista, dal chirurgo estetico alla palestra, dagli integratori all'alimentazione biologica, ecc...) tutto questo è il business del XXI secolo!

A volte mi guardo allo specchio e ritrovo la ragazzina piena di energia e di sogni che voleva conquistare il mondo e realizzare qualcosa di grande nella sua vita. C'era una volta… no… c'è adesso, ora. Il mio percorso di donna, di imprenditrice, di libera professionista che ha raggiunto una certa maturità del cuore e della professione, penso vada condiviso con le persone che lo desiderano per capire cosa mi ha portato a questa nuova identità.

Arrivata a questo punto del viaggio che mi porta verso una nuova definizione di me stessa, sia come persona che come professionista libera, ho capito che tutte le doti che ci accompagnano da quando siamo nati possono essere messe a frutto se ben indirizzate; impegno, perseveranza, focalizzazione sono il cocktail necessario per arrivare a qualsiasi obiettivo, sia che si tratti di avere un fisico sano, relazioni di qualità, sia che si tratti di avere una situazione economica soddisfacente.

Non importa quale strada hai dovuto percorrere per arrivare a quello che sei adesso, ma questo è il risultato di ogni esperienza vissuta, di ogni ostacolo che hai dovuto superare, di ogni gioia che hai provato e che hanno deciso la traiettoria dalla tua vita. Ricordati sempre che ogni individuo è eccezionale e con un potenziale illimitato; solo la tua mente e i tuoi pensieri possono creare dei confini perché sei un essere straordinario con infinite possibilità.

Tu sei il cuore di ogni progetto la cui realizzazione arriva soltanto se le parti più profonde di te sono appagate. L'ambiente in cui sei cresciuto e il tuo bagaglio genetico ti rendono una persona unica e inimitabile. Anche le esperienze di vita che hai vissuto finora contribuiscono a renderti diverso da chiunque altro, sei speciale!

Devi renderti conto del tuo valore e smetterla di giudicarti, sii buono con te stesso, perdonati. Ci vuole coraggio per vivere la vita rispettando la propria identità senza farsi influenzare; apprezza il tempo che ti è stato donato perché la vita finisce in fretta e sarebbe meglio non avere rimpianti.

Non ci sono soluzioni magiche e non ci sono miracoli, ma soltanto le tue decisioni che faranno prendere una certa direzione alle tue azioni sia nella tua vita privata che in quella professionale. Noi esseri umani siamo in relazione con gli altri poiché questo fa parte del nostro essere; puoi decidere di subire le relazioni oppure decidere di diventare protagonista delle tue scelte.

Ma come fare per togliere abitudini consolidate che ormai hai capito non far parte di quello che vorresti essere? Ebbene devi avere il coraggio di cambiare perché sai che questo nuovo modo di affrontare le sfide che ogni giorno ti si pongono davanti, ti porterà a riconquistare la tua libertà.

Non rimandare e impara ad assecondare le tue abilità, competenze, valori perché dentro di te hai talmente tante ricchezze che se inizierai subito ad applicarle potrai cambiare la tua vita e migliorarla.

Niente può avvenire senza trasformazione. La Natura, l'Universo ce lo insegnano: la legna che si trasforma in calore per scaldare la tua casa; il cibo si trasforma per nutrirti e darti energia; il bruco si trasforma in farfalla; il seme muore nella terra e spunta una pianta… dovrai un po' morire per rinascere…

Anche tu un giorno eri un seme, come qualsiasi pianta e qualsiasi albero. Anche la tua trasformazione è necessaria e ugualmente utile alla Natura e all'Universo. Lascia andare la parte di te che senti come una zavorra e che ti tiene fermo, rinasci per trovare la tua nuova identità e fare della tua vita un capolavoro.

Innanzitutto occorre preparazione: questo tempo in cui viviamo richiede la massima competenza in ogni ambito e quindi per avere successo devi prepararti, studiare nuove soluzioni, modificare l'approccio alle tue priorità. Il successo è il punto di incontro tra la preparazione e l'opportunità che puoi incontrare in qualsiasi momento, perché se ne sta nascosta finché tu non la cerchi.

A volte poi, le occasioni si presentano mascherate da piccole sconfitte, ed è per questo che devi credere nelle tue idee e nelle tue capacità. Nulla mette a repentaglio la tua credibilità più del farti trovare impreparato mentre, al contrario, essere competente ti fa essere più consapevole della tua efficacia, sei più sicuro e di conseguenza aumenti la fiducia che gli altri hanno in te perché appari più professionale.

«Ogni avversità, ogni fallimento e ogni dolore portano con sé il seme di un vantaggio equivalente o superiore».
Napoleon Hill

I passi che farai uno dopo l'altro ti condurranno alla meta, sii semplice, non complicarti le cose! La sai la storia del millepiedi? C'era un millepiedi che viveva sereno e tranquillo finché un giorno un rospo gli chiese: «In che ordine metti i piedi uno dietro l'altro quando cammini?». Il millepiedi cominciò a elaborare mille teorie e a fare innumerevoli prove. Il risultato fu che non riuscì più a muoversi!

Questa è la tua vita e presumo che tu voglia il meglio per te e per le persone che ti sono vicine; per ottenere questo devi aprire la tua mente alla capacità di credere che anche il sogno più grande può diventare realtà ed essere pienamente consapevole del tuo valore. Devi credere nelle tue capacità e ti sorprenderai di quanto questo modo di pensare farà uscire risultati che prima non avresti mai pensato possibile.

«La sicurezza ti può portare dove vuoi, e arrivarci è un processo quotidiano. Se hai fiducia in te stesso, nelle tue capacità nel tuo talento, diventa molto più facile».
Donald Trump

Se non farai uscire questo tuo potere sarai destinato a essere per sempre insoddisfatto. Guadagni meno di quanto vorresti? Non sei soddisfatto della tua vita privata o professionale? Quante ore lavori ogni giorno per essere sempre senza soldi? Non hai tempo per te? Non hai tempo da dedicare ai tuoi cari? Non sai da dove iniziare il processo di cambiamento?

Se ti senti imprigionato da qualcuno di questi problemi devi iniziare a lavorare su di te così riuscirai a trasformare gli obiettivi in risultati, farai un passo importante verso la tua serenità. Coglierai le opportunità che ti circondano e valorizzerai le tue competenze gestendo la tua vita privata e professionale in un modo più efficace ottimizzando le tue risorse.

Se sempre più spesso nella tua mente ti risuonano le domande «chi sono?», «sto realizzando quello che voglio?», «io dove sono finito?», allora occorre fare l'azione necessaria per uscire dalla nebbia in cui sei entrato e farlo il prima possibile. Tu sei la parte più importante della tua vita che poi si allarga in molteplici possibilità di realizzazione; non aspettare che siano gli altri a farti esprimere questo tuo grande potenziale, è tutto nelle tue mani.

Sii oggi quello che vorresti essere domani, devi sentirti già la persona che vuoi diventare e influenzare il tuo subconscio con pensieri di assoluta fiducia per quello che diventerai.

La reazione più diffusa davanti alle idee nuove è lo scetticismo, ma l'uomo ha la capacità di condizionare il subconscio per diventare artefice del proprio futuro, quindi ognuno di noi è responsabile del proprio stato di salute, della qualità nelle relazioni con gli altri individui, della propria disponibilità economica.

Per essere felice, libero, realizzato inizia un percorso di crescita personale e professionale che possa essere integrato nella vita di tutti giorni. Un percorso sia della mente che del cuore che ti permetta di trasformare il presente in un futuro che ti renda finalmente soddisfatto interamente.

Impara a guardarti in modo nuovo, senza giudicarti guardando in modo diretto i punti dolenti che ti hanno portato a questo punto per poi piano piano liberarti del loro peso ed esprimere il tuo intero potenziale. Abbraccia questa nuova visione di te per affrontare con sicurezza ogni situazione che potrai incontrare e ricordati sempre che il fallimento fa parte della crescita.

Il primo passo da compiere è sviluppare una forte fiducia in te stesso accompagnato da una grande sicurezza perché se desideri che qualcuno creda in te, devi prima di tutto farlo tu. Una sana fiducia in sé stessi è insostituibile e si può farla crescere con il giusto atteggiamento mentale. La prima cosa che puoi fare è esaminare le tue qualità, i tuoi punti di forza per proseguire con i valori in cui credi, cosa ritieni importante serva a orientare i tuoi comportamenti.

Sai benissimo che non puoi costruire qualcosa di concreto e duraturo se le basi sono deboli e per questo ritengo che bisogna far emergere l'importanza della passione nei progetti di vita. La passione fa chiarezza in quello che vuoi veramente e ti fa vedere la strada da percorrere per arrivare al risultato, ti dà la determinazione necessaria unita al come raggiungerlo.

Non ho mai visto persone poco entusiaste e non appassionate per quello che stavano facendo riuscire ad avere successo; abbiamo esempi dagli sportivi, dai grandi scienziati, dai musicisti, in ogni campo la passione è un modo di vivere la vita.

Ricorda sempre che tutto parte dalla tua mente perché il tuo cervello può essere stimolato per arrivare a grandi obiettivi cambiando completamente ciò che stai vivendo.

«Le persone di successo sono persone comuni con abitudini di successo».
Brian Tracy

Quando sposti l'attenzione sugli obiettivi è molto importante capire che, indipendentemente dal punto da cui parti, il tuo punto di arrivo deve essere ben preciso, definito. L'obiettivo è come vuoi che sia la tua vita, come vuoi essere tu, dove vuoi arrivare.

Tu hai qualcosa di preciso e definito che ti stimola davvero? O lasci che tutto scorra senza un perché? Hai qualcosa che ti stimola davvero e che ti permetterà di raggiungere il tuo obiettivo a lungo termine? Sei pronto a tutto per realizzare il tuo sogno? Stabilisci quello che vuoi esattamente nella tua vita (salute, tempo, soldi) e poi organizzati con le attività necessarie a realizzare quello che desideri.

Puoi cambiare la vita partendo ora con obiettivi precisi e diventare una persona di successo perché il tuo cervello modulerà azioni e comportamenti in modo che tu possa raggiungere la meta. OSA, non limitare il tuo sogno perché i piccoli sogni non sono potenti.

Questo è il tuo sogno quindi non devi temere il giudizio degli altri e non deve essere limitato dalla dimensione della realtà perché se pensi che sia impossibile lo diventerà. Fai capire al tuo cervello che le tue idee si realizzeranno davvero. Emozionati intanto che pensi al tuo sogno perché è lui che ti sta parlando e ti vuole venire incontro, questo è il tuo futuro e quindi merita tutta l'attenzione possibile.

Qui costruisci il tuo successo personale e professionale influenzando l'inconscio ad aiutarti a far diventare realtà i tuoi sogni. La mente gioca un ruolo fondamentale in questo viaggio quindi devi sempre ricordarti che:

- il cervello è abituato a pensare in piccolo quindi devi essere tu a influenzarlo. Poniti degli obiettivi importanti perché se pensi in piccolo resterai nel piccolo.
- immagina concretamente e nel dettaglio chi e che cosa sarai quando avrai realizzato il tuo obiettivo.
- quali emozioni proverai: sarai soddisfatto, gratificato.
- tieni un'immagine del tuo obiettivo sempre vicino a te.

In questo modo il tuo progetto diventerà concreto per il tuo cervello. Cerca ogni giorno di fare piccoli passi, ma con costanza, per avere ogni giorno un miglioramento. Ricorda anche che il percorso di crescita personale e professionale può andare incontro a insuccessi, ma questi servono per imparare.

Questo millennio già da subito ha visto trasformazioni incredibili come l'uso di Internet e dei social che ci hanno dato nuove prospettive con cui conoscere, interpretare quello che succede, ma anche un nuovo modo per comunicare. Questa è un'epoca dove il virtuale sta prendendo il sopravvento sul reale perché le nuove risorse ci permettono di fare cose impensabili a una velocità estrema, la tecnologia che sembra ci abbia regalato più tempo libero in realtà spesso ci toglie del tempo reale.

Da qui l'importanza di usare il buon senso e unire ciò che la tecnologia ci genera di positivo ai valori che ognuno di noi porta con sé che possono diventare le guide sicure per il nostro futuro.

In questa era di cambiamento vediamo quali saranno le possibilità che ci riserva il futuro e riscopriamo la capacità per coltivare la pratica delle principali abilità che, a prescindere dai cambiamenti futuri, ci aiuteranno ad affrontare la rivoluzione in corso.

Trova la strada per sviluppare al massimo le tue abilità cambiando le abitudini che hanno determinato la situazione in cui sei; quello che oggi pensi, senti e fai è per il 95% frutto delle tue abitudini.

Genitori, nonni, zii vorrebbero essere rassicurati sul futuro dei loro figli/nipoti ma dovranno rendersi conto e farsene una ragione del fatto che i giovani possono intraprendere più di un progetto professionale nell'arco della loro vita come è normale avere più di una storia d'amore importante.

Questo non significa che siano meno inclini a impegnarsi di quanto abbiamo fatto noi, significa soltanto che la realtà attuale è meno stabile di quella che abbiamo vissuto noi. Oltretutto conosco tanti giovani che non sono disposti ad adattarsi a una vita noiosa e mediocre, non vogliono soltanto lavorare, ma fare qualcosa che li faccia sentire realizzati.

Negli ultimi anni il mondo del lavoro è cambiato completamente subendo trasformazioni profondissime; i ragazzi sanno che dopo aver finito gli studi dovranno cambiare lavoro più volte nel corso della propria carriera, o cambiare ruolo, o azienda sia che lo si faccia da dipendenti o che si lavori in proprio. È quindi molto più difficile e meno automatico, rispetto a trent'anni fa, capire quale è la strada giusta da percorrere in una realtà lavorativa che è profondamente cambiata.

Non dobbiamo essere pessimisti perché quando finisce un'epoca può essere molto liberatorio non avere schemi predefiniti e strade già tracciate potendo essere liberi di esplorare e costruire intorno a sé percorsi professionali innovativi e più gratificanti.

Alle sicurezze passate, a cui le nuove condizioni lavorative ci fa rinunciare, si può far posto a cose molto importanti che sono la libertà, la felicità e la passione per quello che si sta facendo. La rivoluzione digitale, inoltre, ha creato moltissime possibilità nuove moltiplicando le opportunità di business perché si possono ripensare in modo diverso attività tradizionali, si possono inventare lavori nuovi per rivolgersi a un mercato molto più ampio, direi infinito.

Le occasioni di successo al giorno d'oggi ci sono per chiunque abbia voglia di mettersi in gioco senza pretendere di rimanere attaccato a convinzioni obsolete, che sia disposto a lavorare sodo, che sia capace di cogliere le occasioni che si presentano. Bisogna essere capaci di guardare aldilà degli schemi e osservare le soluzioni ai problemi da varie angolazioni senza farsi condizionare dalle esperienze precedenti perché diventa più difficile innovare.

Un'attività che segue schemi già definiti da decenni fa sicuramente più fatica a cambiare le cose per migliorarle perché porta con sé regole e pregiudizi che sono i nemici più pericolosi del rinnovamento.

Mi stupisco sempre quando vengo a conoscere le possibilità delle nuove tecnologie che renderanno il prossimo futuro migliore di quanto ognuno di noi possa pensare: questo è il contrario di quello che pensa la maggior parte delle persone che prospetta per i propri figli una qualità di vita peggiore della propria.

Chi ha risorse può aspettarsi un futuro dalle possibilità illimitate con una qualità di vita migliore di sempre: automobili senza bisogno che nessuno le guidi, scheletri che permetteranno ai paraplegici di camminare, membra artificiali sviluppate a partire da una singola cellula, innovazioni che cambieranno la nostra vita in meglio nel prossimo futuro.

Tecnologia significa fare molto con poco. Avere più soldi significa anche avere la possibilità di poter usufruire di queste nuove tecnologie.

«Il denaro che si possiede è strumento di libertà; quello che si insegue è strumento di schiavitù».

Jean-Jaques Rousseau

Potrei aggiungere anche che non sono i soldi a essere buoni o cattivi, sono una cosa neutrale, ma buono o cattivo può essere l'uso che ne viene fatto; inoltre le persone ricche sono in maggioranza felici non per i soldi che possiedono, ma perché sanno di avere il controllo sul proprio destino.

È vero che nella vita ci sono cose molto più importanti del denaro, ma è anche vero che per ottenere la maggior parte delle cose servono i soldi per comprarle!

Un esempio ci viene dalla parabola del Buon Samaritano che ha soccorso la persona in difficoltà e ha anche pagato la locanda che l'ha ospitato; non ha avuto solo buone intenzioni, ma anche i soldi per aiutarlo.

Oggigiorno troppe persone spendono denaro che non hanno attraverso carte di credito e finanziamenti vari, per comprare cose molte volte inutili che servono a impressionare gente che magari non conoscono neanche. Lascia il mondo migliore di come lo hai trovato, l'importante non è partecipare, ma vincere e provarci in tutti modi possibili.

Ok, ma come voltare pagina quando la vita ci obbliga oppure il desiderio ci spinge a ripartire, nonostante i fallimenti, facendo tesoro dei successi?

RIEPILOGO DEL CAPITOLO 4:

- SEGRETO n. 1: Scegli quotidianamente abitudini buone perché la vita che desideri non arriva a caso. Business del XXI secolo: tutto ciò che è legato al benessere.

- SEGRETO n. 2: Abbi il coraggio di assecondare le tue abilità, le tue competenze, i tuoi valori senza rimandare.

- SEGRETO n. 3: Abbi fiducia in te stesso. Stabilisci cosa vuoi dalla vita e poi organizzati per realizzare quello che desideri. Osa! I piccoli sogni hanno poco potere. Emozionati quando pensi al tuo sogno.

- SEGRETO n. 4: La rivoluzione digitale ha creato moltissime opportunità di business perché si possono inventare lavori nuovi e ripensare in modo diverso le attività tradizionali.

- SEGRETO n. 5: Guarda al di là degli schemi obsoleti perché c'è un intero nuovo mondo da scoprire e conquistare.

Capitolo 5:

Raggiungere il successo col Network Marketing

Soffocati da pressioni provenienti da ogni direzione, gli uomini che fanno marketing hanno grandi difficoltà a posizionarsi nel mercato perché i consumatori, ormai saturi di ogni cosa, rifiutano di prestare attenzione ai loro messaggi. Anziché guardare gli spot televisivi, i clienti si affidano ai fornitori di cui hanno fiducia e al parere degli amici più informati.

Succede spesso che gli imprenditori pensino che marketing e vendita siano la stessa cosa, invece non è così: il marketing racconta un prodotto rendendolo attraente, interessante e desiderabile e quindi sostiene la vendita.

Ed è per questo che è sempre più diffusa fra le aziende la scelta di far arrivare ai consumatori i loro prodotti con un sistema distributivo innovativo che si basa sul passaparola. Il passaparola lo facciamo da quando siamo nati per ogni cosa di cui rimaniamo soddisfatti.

Siamo bravissimi a descrivere quanto abbiamo gustato la cena nel tal ristorante che ha anche dei prezzi buoni, ci diamo da fare perché il nostro amico vada in vacanza nel tal posto perché abbiamo avuto una bellissima esperienza, ci dilunghiamo nella descrizione dei benefici che si potranno avere andando ad acquistare nel tal negozio, ecc.

L'economia è un grande mercato in cui ci si scambiano beni e servizi, ma in questo grande mercato siamo abituati ad essere sempre e soltanto consumatori cioè noi siamo sempre quelli che spendono. Siamo consumatori che parlano bene dei loro acquisti, e col sistema distributivo che mi ha cambiato la vita nel 2012 possiamo anche guadagnare.

Di che cosa sto parlando? Si chiama Network Marketing. Ho detto che si può anche guadagnare perché i benefici che ho riscontrato sono molteplici: intanto per parlare bene di un'azienda ne devi provare i prodotti per capire come funzionano e io, consumandoli abitualmente, ho riscontrato fin da subito un diffuso benessere.

Non starò a dilungarmi troppo per quanto riguarda i benefici che ho ricevuto dal loro uso costante, ma vi assicuro che sono veramente tanti. Informatevi, siate curiosi e avrete tutte le risposte. La grande soddisfazione che ho avuto è che anche tanti miei amici sono stati meglio grazie al mio consiglio e personaggi molto conosciuti del mondo dello sport e dello spettacolo ne stanno apprezzando le molteplici proprietà.

Questa professione mi ha inoltre permesso di avere TEMPO, la cosa più preziosa di cui disponiamo e a cui non diamo l'importanza che merita; potrai mettere in banca i soldi, risparmiarli, moltiplicarli, ma non potrai mai mettere in banca il tuo tempo.

Il tempo lo puoi trascorrere facendo cose per abitudine che però non ti soddisfano, oppure lo puoi usare per fare cose che ti piacciono, per stare con le persone che ami, per avere una professione che ti gratifica, per viaggiare, per aiutare chi è più sfortunato di te, per dipingere, cantare, correre, leggere… Sei un consumatore del post-consumismo. Hai tutto ciò che ti serve, e quasi tutto ciò che desideri. Ti manca solo il tempo.

Il Network Marketing è ormai da tempo materia di studio in oltre 200 università tra le più prestigiose del mondo. In Italia si tengono master su questo argomento alla Bocconi di Milano, mentre tra le materie di studio dell'Harvard Business School c'è anche da un po' di tempo il NM. Proprio l'Harvard Business School ha stilato alcune caratteristiche che deve avere un'azienda di NM per essere affidabile.

Vediamone alcune:

- L'azienda deve essere sul mercato da almeno 5 anni

- Deve operare e avere la propria sede in diverse nazioni a livello mondiale

- Deve avere prodotti di largo consumo (che finiscono rapidamente e che quindi la gente vuole ricomprare)

- L'iscrizione deve costare poco (in Italia deve essere inferiore a €100)

Ci sono anche noti personaggi della finanza, grandi imprenditori, investitori, politici che consigliano fortemente il Network Marketing come mezzo per crearsi una rendita. Mentre le maggiori università del mondo affrontano questo tema con grande interesse e ne evidenziano la grande potenzialità, in Italia molte volte se ne parla in modo negativo.

Perché? La causa è da ricercare in atteggiamenti poco seri di distributori scorretti e aziende poco serie (che esistono in tutti i settori) che si sono mascherate dietro questa industria. Siamo tutti d'accordo che se l'azienda è seria, propone prodotti di qualità a un giusto prezzo e remunera i propri collaboratori in modo meritocratico, è un'azienda che porta valore nel mercato?

Oltretutto solitamente queste aziende dedicano una parte dei loro profitti alla beneficenza. Penso che in un momento così difficile per la maggior parte delle famiglie, potrebbe essere interessante avere un sistema che fa arrivare un'entrata extra.

Di solito il network marketing crea delle aspettative illogiche per quanto riguarda i veloci e importanti guadagni, senza dare importanza al fatto che con il giusto impegno e tempo ci si possa creare una discreta rendita.

La maggior parte delle persone che aderiscono a un progetto di Network Marketing pensa che se entro pochi mesi non guadagnerà già più del suo attuale stipendio, non varrà più la pena di continuare e così molla tutto.

«La gente non prende una decisione perché pensa di pagare la rata dell'auto; la prende se è convinto di avere un'opportunità di cambiare la propria vita». Questo dice un big del Network Marketing.

Ma, vi chiederete, quanto tempo occorre per guadagnare tanto? La verità, che tutti coloro che operano nel settore conoscono, è che i grandi guadagni non arrivano subito, ma richiedono tempo. Molto? Dipende dai punti di vista.

Potreste semplicemente chiedervi quanto tempo occorra per arrivare ai grandi guadagni nel mondo del lavoro classico, dipendente o autonomo che sia, e fare il giusto paragone. Facciamolo insieme.

Prendiamo l'esempio di un normale giovane in gamba, ambizioso, che vuole arrivare a guadagnare € 10.000 al mese. Bene, gli occorreranno 20/25 anni, tra studi universitari (costati parecchio ai genitori), ricerca di un posto di lavoro e carriera, per raggiungere il top nel mondo aziendale e guadagnare € 10.000 al mese, se è bravissimo, meglio di quasi tutti gli altri suoi coetanei!

E nel mondo imprenditoriale? Qui le cose peggiorano, chi dobbiamo considerare? Il 91% delle aziende che apre, chiude nei primi cinque anni di vita, lasciando spesso l'imprenditore con un mare di debiti, procedure di fallimento, stress fisici? Oppure il 9% delle imprese che ce la fa?

Semplificando i dati di recenti statistiche possiamo dire che:
- partono 1.000 imprese
- investono mediamente € 50.000 a testa
- solo 90 rimangono in attività dopo cinque anni, le altre chiudono o falliscono

- solo tre su 1.000 arrivano a € 100.000 l'anno di profitto dopo 10 anni.

Questa è la realtà dei numeri!

Nel Network marketing quanto tempo occorre per fare soldi? Dall'indagine condotta dal mensile «Entrepeneur» sulla base dei dati raccolti sui distributori di oltre 100 società di network marketing ha dimostrato che:

- Il 92% dei networker non guadagna oltre € 3000 l'anno nel primo anno di attività

- L'88% di chi rinuncia all'attività lo fa nell'arco dei primi 12 mesi

- Il 69% di chi prosegue per 24 mesi guadagna oltre € 4000 all'anno

- Il 71% di chi prosegue per 36 mesi guadagna oltre € 10.000 all'anno

- Il 78% di chi prosegue per 48 mesi guadagna oltre € 25.000 all'anno

- L'85% di chi prosegue per 60 mesi guadagna oltre € 50.000 all'anno

Se paragoniamo il livello di guadagno medio realizzabile nel mondo del lavoro tradizionale, il network marketing è sicuramente il migliore. Non soltanto non si devono investire soldi consistenti (per l'università o per fondare un'azienda), ma si può partire anche part-time, come la maggior parte delle persone fa, aggiungendo al proprio reddito quello dell'attività di Network Marketing e per poi decidere in seguito di proseguire a tempo pieno.

Le statistiche dicono che:

- Occorrerà un quarto del tempo necessario (5 anni contro 20/25) per arrivare agli alti guadagni nel network marketing rispetto alle attività tradizionali di lavoro dipendente di alto livello (dove colui che ha scelto questa strada dovrà combattere ogni giorno contro l'invidia dei colleghi che lo vedono come una minaccia alle loro promozioni e quindi cercano in ogni modo di ostacolarlo).

- Ci sono le più alte probabilità di raggiungere un elevato guadagno con un'attività di incaricato di Network Marketing contro le più basse probabilità di riuscirvi attraverso una tipica attività di impresa in cui probabilmente, per partire, la persona avrà usato i risparmi di una vita, chiesto in prestito soldi a parenti, amici o banche.

Il problema non è quindi se si guadagna o meno. D'altra parte, è sufficiente guardarsi intorno nelle imprese di NM per vedere che chi guadagna cifre interessanti sono sempre le persone che hanno saputo aspettare i tempi necessari per diventare esperti in questo settore, incrementare il proprio reddito e hanno raggiunto gli elevati compensi che all'inizio erano soltanto un sogno. Non vedrete facce di "anziani" (si fa per dire) che non guadagnano.

Perché avranno rinunciato coloro che non ottengono grandi profitti nei primi 12 mesi di attività? Non lo so. Un vero peccato per loro: sarebbero bastati un po' di pazienza e di voglia di imparare e sarebbe arrivato anche il loro momento di raccogliere i frutti del loro impegno.

Hanno perso un'opportunità che in pochissimi anni avrebbe potuto dar loro molte soddisfazioni, per tornare a un lavoro che, nonostante investimenti, rischi e carriere decennali, non li avvicinerà neanche minimamente al traguardo che avrebbero voluto raggiungere.

È vero, si sarà dovuto attendere 5 anni, ma avrete avuto in cambio, dopo il giusto impegno, una downline di migliaia di individui che, attraverso i loro consumi personali, vi genereranno una rendita residuale che durerà per anni. So cosa stai pensando, si tratta solo di un sogno? Ma com'è possibile che una persona comune possa diventare libero finanziariamente?

Ti assicuro che è possibile per tutti avere la tranquillità di sapere che la tua rendita, che ti sarai costruito acquisendo informazioni che adesso non hai e che avrai messo in pratica, che la tua rendita non finirà mai!

Non avere fretta, allenati alla perseveranza. Anche se dovrai aspettare due, tre o cinque anni per crearti una rendita che possa sostenere il tuo tenore di vita sarà sempre meglio che aspettare di arrivare all'età della pensione senza la certezza che potrai avere un ritorno economico per mantenerti. Oppure hai un altro piano B che ti dia la sicurezza per il tuo futuro?

Non sarà più un problema pagare l'affitto o le bollette, avere tempo per te e la tua famiglia, mandare i tuoi figli all'università, essere libero di viaggiare quando vuoi, acquistare la casa per i tuoi genitori.

Come ti sentiresti se ogni mattina ti potessi svegliare sapendo che arriveranno in automatico i soldi necessari per soddisfare le tue esigenze e i tuoi sogni? Come ti sentiresti se potessi andare al lavoro solo perché ti piace farlo e lavorare perché lo vuoi fare, non perché lo devi fare, uscendo così da quella che viene chiamata la ruota del criceto?

«Sì, ho capito tutto», mi sono sentita dire più volte, «ma io non sono adatto a queste cose, non fa per me perché non sono capace a vendere». Oppure «Non ho tempo», «Non ho soldi», «Devo chiedere a mio marito/mia moglie», e tante altre obiezioni che invece dovrebbero proprio essere la ragione per cui una persona dovrebbe voler iniziare.

Se non hai tempo e non hai soldi questo è il posto giusto per te. Se pensi di non essere capace e di non sapere vendere, perché ogni volta che mi incontri, durante le nostre chiacchierate, mi parli in modo entusiasta del parrucchiere, della pizzeria, del negozio in cui ti sei trovato bene convincendomi ad avere anche io questa esperienza? Stai già facendo network marketing! L'unica differenza è che non vieni pagato.

Aggiungi valore a te stesso e sviluppa l'abilità di aiutare gli altri a migliorare la qualità della loro vita insegnando come passare dall'essere solo consumatori al diventare imprenditori con qualcosa che stanno già facendo.

L'ambiente lo crei con le persone che frequenti. Entra in ambienti che ti fanno crescere. Ci sono persone gelose che davanti agiscono in un modo e dietro cercano di farti lo sgambetto. Togli il virus! Prendi consigli dalle persone di successo, circondati di persone che hanno lo stile di vita che tu desideri, imita i loro comportamenti e avrai trovato la strada per avere la vita che desideri.

Togli i veleni che hai in circolazione cioè:
- Paragonare te stesso agli altri
- Abitare nel passato e non nel presente

- Cercare applausi ed essere acclamato

- Mettersi pressione

- Non agire nel cambiamento che vuoi vedere

- Non impostare nuovi obiettivi da realizzare

Qual è la cosa più importante per avere successo nella vita? Le decisioni che una persona prende ogni giorno, il successo dipende dalla grandezza dei pensieri e il dubbio ha un'enorme potenza negativa.

Trova un motivo concreto che ti accompagni fino in fondo al tuo percorso e che ti sia sempre di stimolo anche davanti agli ostacoli. Se sarà importante per te il motivo per cui hai iniziato sicuramente avrai degli ottimi risultati. Non importa da dove parti, ma è importantissimo che tu sappia dove vuoi arrivare. Questa è una miniera d'oro.

Se puoi insegnare a qualcuno ciò che hai imparato costruirai una fortuna: «lavorerò con te finché avrai guadagnato il primo euro». Devi diventare maestro nell'insegnare alle nuove persone come guadagnare il primo euro e avrai dato a loro la possibilità di capire come moltiplicare questa abilità e costruirsi un'entrata che non ha limiti.

Perché le persone non iniziano a costruirsi la libertà finanziaria anche affiancandola a quello che stanno già facendo? Il più delle volte perché pensano che sia troppo complicato, oppure di non avere le conoscenze necessarie e per questo si sentono inadeguati. Perché allora ci sono persone che hanno successo? Il perché è semplice: sanno qualcosa che gli altri non conoscono, ma ti assicuro che investire nella tua libertà non è per nulla complicato.

Una cosa è certa, il successo lascia delle tracce e le persone che hanno risultati nella loro vita non sono fortunate, ma fanno in modo che le cose accadano facendo qualcosa di diverso da chi vive in modo passivo la propria vita. Il successo arriva a quelle persone che vogliono costantemente imparare, crescere e raggiungere risultati, ma pochi arriveranno ad avere risultati straordinari e questo vale sia per la forma fisica, che per le relazioni sentimentali, che per la situazione finanziaria.

Ma se ci sono alcune persone che riescono vuol dire che è possibile perché ci sono sempre alcuni individui che infrangono le regole e dimostrano a tutti noi ciò che è davvero realizzabile. Impariamo che cosa fanno questi pochi individui straordinari di diverso da tutti gli altri e poi cerchiamo di imitarli. Scopriamo quello che funziona cercando di progredire seguendo i loro passi.

Il primo passo da fare è individuare un'azienda seria che usa il network marketing come modello distributivo per i propri prodotti che devono essere di qualità e di largo consumo.

Tante volte mi sono sentita dire: «Ho capito! Questa è una piramide, solo i primi guadagnano!». «È una catena dove chi parte dopo perde solo soldi!». «Amici di amici mi hanno detto che hanno provato ma non hanno guadagnato nulla e hanno rimesso soldi!».

Ti capisco benissimo, ma se fossero piramidi o catene (che in Italia sono illegali), come sarebbe stato possibile per il Ministero della Salute e il Ministero delle Finanze dare il permesso di operare legalmente, da molti anni, nel nostro territorio?

Non si può avere una percezione negativa di tutte le aziende di Network Marketing soltanto perché alcune (solitamente non legali nel nostro paese) si sono comportate male, non dobbiamo generalizzare in quanto in tutti i settori c'è chi tradisce la fiducia che gli è stata concessa.

Ci sono persone che parlano in modo negativo senza essersi mai documentate e senza avere nessuna conoscenza pratica di questa industria. Non fidarti dei "sentito dire" o di consigli di persone non preparate in questo settore, non decidere basandoti sui tuoi pregiudizi ma cerca sempre di documentarti da fonti autorevoli e di tenere la mente aperta ad accogliere le novità.

In questo mondo in continua e rapida evoluzione, in cui le informazioni diventano obsolete in tempi brevissimi, solo chi si informerà e formerà continuamente potrà stare al passo con i tempi. Ogni giorno mi impegno a cercare il modo di aiutare le persone comuni a prendere in mano la propria vita e inserirsi in un sistema che possa garantire per loro una rendita per sempre.

Non sei soddisfatto della tua vita? Cambiala! È sufficiente volerlo e decidere davvero di mettersi in moto da subito senza rimandare. Non farti convincere dalle scuse che ti vogliono far rinunciare al tuo successo, al tuo futuro. Dai invece ascolto e fatti convincere dal risultato che hai in mente e che vuoi raggiungere. Sai benissimo che se vuoi puoi, il futuro che vuoi avere è fatto di scelte, non di scuse! Se ti arrendi senza provarci hai già perso.

I vincitori nella vita sono coloro che non mollano mai, quelli che nonostante tutto continuano con perseveranza a lottare e a difendere i loro sogni con tutte le loro energie! Noi creiamo la nostra vita azione dopo azione. Non la creiamo nel rimandare perché quando rimandi o rinunci a una cosa, rimandi o rinunci alla tua vita, al tuo successo, alla tua felicità.

Essere o non essere felici tutti giorni non succede per caso o per fortuna. Il presente è un regalo che ci siamo fatti noi nel passato e che oggi ci arriva, oggi noi siamo il risultato delle scelte che abbiamo fatto in passato. Se oggi non sei dove vorresti o come vorresti essere, fare una scelta oggi sarà per avere quello che desideri domani nella tua vita.

Solo così il tuo presente sarà quello che veramente vuoi e potrai essere felice. La felicità è una scelta che facciamo tutti i giorni in ogni momento della nostra vita, quando c'è da fare qualcosa o prendere una decisione invece di un'altra. Il decidere di fare qualcosa subito anziché rimandare ad esempio è una scelta.

Tutti chiedono, tutti vogliono, ma quanti fanno veramente qualcosa? Ci vuole azione per poi avere un risultato, la gente molte volte vuole risultato senza fare azione, si lamenta che vuole un risultato diverso ma facendo sempre stesse cose; senza pensare di cambiare noi per primi, come possiamo pensare che le cose cambino da sole?

Mi spiace molto per la gente che "dorme" e si lamenta nel "sonno" pensando che lamentarsi in qualche modo li aiuterà. È che se tu cerchi di aiutarli, di "svegliarli", non sono disposti ad ascoltarti. Non puoi aiutare queste persone, lasciale nel loro "letto" di scuse, non c'è sveglia che funzioni se non quella che hanno loro nella loro mente.

Noi non possiamo sapere quando e se quella sveglia suonerà, noi possiamo solo raccontare loro di quanto è bello il sole, ma quando e se aprire la porta per uscire e vederlo da soli spetta soltanto a loro, vanno lasciati a "svegliarsi" con i loro tempi e quando interesserà loro veramente di farlo lo faranno. Ci saranno grandi opportunità che non vedranno perché saranno focalizzati su qualcos'altro.

Parliamo di inserirsi in un sistema serio e strutturato che ti permette di moltiplicare la possibilità di fare business con prodotti di alta qualità che fanno parte delle abitudini delle persone creando in questo modo valore reale.

Il mercato può essere paragonato a una prateria in cui è facile trovare sciacalli, avventurieri, disonesti, quindi, avere le "spalle coperte" da un'azienda seria che si preoccupa di neutralizzare questi aspetti che ci sono in tutti i business, risulta molto interessante.

Avrai la possibilità di allargare il mercato, di fare bene e con etica il tuo lavoro grazie alla coerenza che ci sarà fra quello che dici e quello che proponi. Puoi scegliere anche di fare tutto da solo, ma collaborare con un'azienda che si occupa degli aspetti più onerosi ti farà arrivare molto più velocemente e più lontano. «Bello, ma concretamente da dove posso partire, cosa devo fare?». La prima cosa che devi fare DECIDERE.

Decidere di diventare la migliore versione di te stesso per poi raccogliere i migliori frutti che tu possa mai aver avuto. Non si può AVERE senza ESSERE e senza FARE. Innanzitutto devi ESSERE una persona diversa da quella che sei adesso, da quella che vive la vita che non la soddisfa, Da quella che si è accontentata dell'ordinario, da quella che non ha osato a cambiare.

Poi c'è il FARE perché senza azione non si può ottenere nulla, solo l'azione costante dà risultati, anche per avere lo stipendio da dipendente a fine mese è necessario fare un lavoro tutti giorni, per avere una muscolatura tonica dovrai fare movimento ogni singolo giorno…

Solo adesso puoi AVERE, avere tutto quello che vuoi in base alla persona che sei diventato e alle azioni che hai fatto. Solo tu puoi decidere cosa avere perché sarà tutto proporzionato alla persona che sei diventato e al tuo impegno nell'azione. Dimostra generosità nei confronti degli altri e non pensare solo al guadagno immediato, costruisci relazioni di valore e il guadagno arriverà da sé.

Forse ogni giorno ti senti chiuso come in un recinto che ti impedisce di vedere cosa c'è di interessante oltre quella barriera. Ma come si è costruito questo limite? Ci sono limiti che giustamente non vanno superati come ad esempio il limite della legalità, quello del rispetto, della responsabilità, ma tutto il resto?

Questo confine che tiene fermo il tuo potenziale, se vuoi una vita felice, lo devi abbattere così potrai assecondare il cambiamento. Ci saranno tante persone che cercheranno di fermarti, per invidia, per non conoscenza del settore che approccerai, per loro paure ma che sono di loro stessi, non tue. Ti criticheranno e cercheranno di bloccarti in qualsiasi modo per farti rimanere dentro al recinto.

Tu ringrazia, ma poi scegli in modo consapevole di fare quello che ti sei prefissato per migliorare la tua vita e quando avrai superato i tuoi limiti ti girerai indietro, sarai pieno di soddisfazione e di orgoglio per te stesso.

Non dare retta a chi ti dice che è tutto facile perché il grosso del lavoro sarà da fare su te stesso, sulle credenze che ti limitano, sulla tua mentalità e sulla tua crescita personale. Non considerare il network marketing come un gioco o un hobby perché allora ti costerà come un gioco o un hobby. Non ritenerlo una lotteria dove l'unica cosa che conta è la fortuna.

Non sperare che il tuo futuro possa dipendere dall'aver inserito nella tua organizzazione un paio di persone in gamba. Non cercare di navigare a vista senza pianificare le tue azioni e senza ascoltare i consigli di chi ne sa più di te. Questa è una professione che può darti ogni cosa che vuoi, ma non ci sono scorciatoie.

Devi masticare un po' di sassi e di filo spinato (il tuo cambiamento), devi diventare un esperto in questo campo e sviluppare le giuste competenze. Il nostro compito principale è indirizzare prodotti dove ci sono clienti che li richiedono.

Ma c'è una parte molto più profonda e che nessuno mai potrà toglierti: la crescita personale.

Perché avrai imparato:

- a gestire le tue paure

- a superare gli ostacoli e sarai diventato più forte

- a nutrirti di positività e a difenderti dalle negatività

- a risolvere ogni problema

- a essere un leader

Sarai una persona migliore della versione attuale e riscoprirti, ti assicuro, sarà una meravigliosa avventura.

«Siamo nati nella parte migliore del mondo, abbiamo cibo, acqua e vestiti, istruzione e salute. E non abbiamo nessun merito per questo. Non accontentarti di quello che hai, ma lotta per creare la migliore versione di te stesso, qualunque cosa significhi per te!».
Alfio Bardolla

RIEPILOGO DEL CAPITOLO 5:

- SEGRETO n. 1: Hai sempre fatto passa parola di prodotti o servizi di cui eri soddisfatto rimanendo sempre e solo un consumatore (che paga prodotti e servizi) e facendo guadagnare altre persone. Adesso, attraverso il tuo passa parola di cliente soddisfatto, puoi crearti una rendita.

- SEGRETO n. 2: Non venderai più il tuo tempo, ma lo libererai perché avrai costruito un acquedotto che ti sostiene economicamente. Il tuo tempo lo potrai dedicare a fare ciò che più ti piace.

- SEGRETO n. 3: Non cercare i guadagni facili e immediati, ma proponiti di costruire un business solido con prodotti di consumo quotidiano che le persone rivogliono perché si sono trovate bene.

- SEGRETO n. 4: Rispetto al lavoro dipendente o autonomo il network marketing ha vari vantaggi: non occorrono importanti investimenti come è invece per aprire un'azienda o affrontare un percorso di studi. Si può affiancare al proprio lavoro per poi decidere se farlo a tempo pieno Sarai tu a decidere quanto guadagnare in base all'azione che farai. Tassazione agevolata grazie alla legge 173/2005. Valore importantissimo: la crescita personale

- SEGRETO n. 5: Hai un piano per assicurare a te e alla tua famiglia un futuro sereno dal punto di vista economico? Fai qualcosa di concreto per il tuo futuro che dipenda solo da te e da nessun altro.

- SEGRETO n. 6: Decidi di essere una persona diversa, di fare l'azione che porta risultati per poi avere tutto quello che vuoi.

Conclusione

Siamo arrivati in fondo e spero che ti rimanga la consapevolezza che la ricchezza è uno stato d'animo, uno stato mentale, un'attitudine che potrai coltivare per stare bene con te stesso e con gli altri. Trova la tua strada.

Questo è un viaggio che ti porterà a lavorare molto su te stesso e quando hai degli ottimi valori da trasmettere nel mondo ci sarà sempre un posto di riguardo per te.

Spero che ti prenderai qualche momento per assimilare un po' di concetti, tieni quello che ritieni più utile per te e se ti sei rivisto anche solo in parte nel mio libro, ti chiedo di lasciarmi una recensione.

Vorrei entrare in contatto con i miei lettori per poter instaurare un rapporto di fiducia e scambio tra noi.

Se ti è piaciuto questo libro e hai piacere a entrare in contatto con me, puoi trovarmi qui:

- Facebook: https://www.facebook.com/claudia.baraldi.7
- Pagina Fan: https://www.facebook.com/saettibaraldiclaudia/
- Instagram: claudia.s.baraldi
- Email: claudia.s.baraldi@gmail.com